シン・エヴァンゲリオン論

藤田直哉
Fujita Naoya

JN018812

河出新書
034

まえがき――『エヴァンゲリオン』という巨大な「インパクト」

「シンジくんは僕だ！」

一九九五年に放送が開始された『新世紀エヴァンゲリオン』を見て、当時一四歳前後の少年少女たちは、主人公シンジに自分をなぞらえて、そう叫んだ。

たかがアニメ。一般的には、アニメは私小説とは異なり、そこまで観客と主人公の自己同一化は起こらない。『新世紀エヴァンゲリオン』はその点で、特殊な作品だった。観客自らが「自分のこと」を描いていると感じるような私小説的なアニメーションだったのだ。

一言で言えば、それは「オタク」という新しい生き方をしている人たちのアイデンティティの葛藤を表現し、共有する作品だった。当時、既存の権威的な芸術や表現のジャンルでは、それを描き大々的に共感を得るほどに成功した作品は少なかった。だから、実存的な不安や葛藤を共有する装置として、『エヴァンゲリオン』が機能したのだ。

だから、その完結編『シン・エヴァンゲリオン劇場版𝄇』では、平日の初日から観客たちが劇場に集まり、固唾《かたず》を呑んで見守り、号泣したのだ。それが起きたのは、『エヴァ』がオタクたちの人生の鏡だったからだ。

周囲の人々との関係性も悪化し、鬱になりひきこもり「だからみんな死んじゃえ」と叫び自分以外の人類全ての消滅を願った一九九七年の碇シンジは、二〇二一年の完結編において、他者の優しさに触れ、生命を尊重し、対話する成熟した存在へと成長を遂げた。多くの観客は、四半世紀の間に起きた変化に自身の人生を重ね、その成熟と成長を寿《ことほ》いだ。

つまり、オタクという在り方自体を批判的に検討し、より良い姿を提案しようと努力してきた『エヴァンゲリオン』と庵野秀明の軌跡を論じることは、「オタク」と呼ばれた人々の変化と成長を追跡することであり、オタクという新しい生き方が広がった一九九五年以降の日本文化を検討する作業になる。

第三次アニメブームの功罪

一九九五年に放送開始された『新世紀エヴァンゲリオン』は、日本の歴史上稀に見る、大きな社会現象を巻き起こした。大袈裟に言えば、この作品によって日本文化が、不可逆的に大きく変化した。

以後、アニメでは「萌え」などのキャラクター文化や「二次創作」が主流化し、オタク文化がメジャーになっていった。二〇〇五年頃に秋葉原ブームが訪れるが、それを準備した作品の大きな一つは『エヴァンゲリオン』だった。差別され、侮蔑される文化だったオタク文化は、日本政府による「クールジャパン」政策の代表となり、社会的地位も上昇するという逆転現象にまで繋がった。

そして、二〇〇七年に始まった新劇場版四部作は、その文化的影響の功罪を検討し、贖《しょく》罪《ざい》し、新しく提示しなおす作品である。

自身が拡大に貢献したオタク文化の席巻は本当に良かったのだろうか？　現実や他者を忌避する傾向を生んでいないだろうか？　人工物と戯れる生き方を結果的に提示してしまったことに責任はないだろうか？　『新世紀エヴァンゲリオン』監督・脚本の庵野秀明は、自身もオタクでありながら、そのような責任を感じ、苦悩し、それを表現した。

たとえば、九七年の「旧劇場版」では、観客自身の姿を映し、「現実に帰れ」というメッセージを発した。そこには「虚構」を本気にし、被害妄想的に世の中を恨み、地下鉄サリン事件を実行したオウム真理教の影響が感じられる。庵野自身は偶然だと言っているが、一九九二年に放送が開始されたオウムのラジオ番組は「エウアンゲリオン・テス・バシレイアス」という名前だった。

自身の作品に熱狂するファンたちは「庵野、殺す」などの殺害予告をパソコン通信に書き込み、制作会社の壁にスプレーで「ＳＥＸ」などの落書きをした。オタクたちにうんざりした庵野は、その後しばらくアニメーション業界と少し距離をとり、実写作品を作った。

『エヴァ』でも実写作品でも、オタク文化はどうあるべきか、オタクはどう生きるべきかという実存的葛藤と社会的責任の問いが、「虚構と現実」の名の元に思考され、表現の方法と骨絡みになって探究されている。

「オタク」という言葉は、今では単にアニメやゲームが好きぐらいの軽い意味になっているので、この問いはあまり理解されないかもしれない。だがかつては、好きなものばかりにのめりこみ、異常な行動をして、対人関係やファッションに問題があり、ガリベンで理系でネクラでダサい性質を持つ存在のことを名指していた。「おたく」を集団を指す言葉として初めて定義した中森明夫「『おたく』の研究」にそう書いてある。庵野秀明自身も、それに近い意味で「オタク」という言葉を使っている。

そのような生き方は肯定的に扱われなかった。そのことから来る葛藤が、九〇年代の『新世紀エヴァンゲリオン』には色濃く出ている。

本書は、『エヴァンゲリオン』のオタク文化への問いを、改めて確認し、追跡し、現代に提示しようとするものである。

『エヴァンゲリオン』の軌跡から辿る戦後日本精神史

そのことは、結果として、戦後日本論に繋がってくる。『エヴァンゲリオン』の軌跡を論じることとは、オタク化していった八〇年代以降の日本社会を問うことに必然的に繫がってくるのだ。

監督の庵野秀明は、「戦後」を引き受ける意志が非常に強い作り手である。戦後の復興期や革命の時代などのように、使命感を抱いて一体性を感じながら生きる意味や手応えを得るという経験を直接はしていない。テレビやアニメなどの虚構の中に、リアルや生の意味を感じていた世代。そのような世代の人間として、何を作るべきなのかを、彼は常に問うている。

庵野秀明は宮崎駿の『風の谷のナウシカ』などに参加しており、宮崎駿や富野由悠季の薫陶を受け、「戦後日本」を引き受け、それへの答えを表現しようとするアニメの系譜に連なっている。

偽物のように感じられる戦後日本。平和で豊かだが空虚な実存。他者や現実を忌避し、自閉的に、断片的な趣味に耽溺《たんでき》するような人々で溢れてしまった社会。それは一体何なのか。そこで生きるとはどういうことなのか。どうしたら生の充実の手応えが得られるのか。庵野作品にはそのような問いがある。この問いは、多くの者に他人事ではないだろうと思われる。だからこそ『エヴァ』は多くの人の心を摑《つか》む。

『エヴァ』とは何かを問うことは、オタクとは何かを問うことになり、それは、オタク文化を生み出し発展させた戦後日本とは何かを問うことになる。そしてそれは必然的に、我々はどのような社会を生きるべきか、どうあるべきかへの問いに繋がっていくだろう。

本書の構成

本書は、三部構成である。

Ｉ「往相《おうそう》」では、ＴＶシリーズ『新世紀エヴァンゲリオン』と『新世紀エヴァンゲリオン劇場版　Air／まごころを、君に』を論じ、『エヴァンゲリオン』とはどのような作品だったのかを語る。一九九七年に一四歳だった筆者は、まさに「シンジくんは僕だ！」と叫んだ人間であり、多くの上の世代のように相対化したり批評化して観ることはできなかった。そのような、青春と人生に甚大な影響を受けた当事者として、当時の批評、それから、作り手たちのインタビューなどを交えて、『新世紀エヴァンゲリオン』のメタアニメ的性質を論じていく。

Ⅱ「儀式」では、『新世紀エヴァンゲリオン劇場版』以降、オタクたちにうんざりし、演劇を観たりアダルトヴィデオ（ＡＶ）を研究したり、実写映画を作っていた時期の庵野秀明作品を論じる。これら実写作品にも「虚構と現実」「オタクはどう生きるべきか」の問いが継続しており、それは後の『シン・ゴジラ』や『シン・エヴァンゲリオン劇場版

ǁ』の内容にダイレクトに影響しているのだ。

Ⅲ「還相《げんそう》」では、『エヴァンゲリヲン新劇場版』三作と、『シン・ゴジラ』、そして『シン・エヴァンゲリオン劇場版ǁ』を論じる。これらの作品は、かつての『エヴァンゲリオン』と何が違うのか。実写作品などで得た思想をどう生かしているのか、映像と思想がどのように関係し合っているのか。それらがここでは検討される。

「往相」「還相」とは、仏教用語である。「エヴァンゲリオン」というタイトルはキリスト教の福音を意味するが、「新劇場版」では「縁《えん》」などの用語が頻出するし、思想的には仏教や神道に近づいていると思われる。多くの観客がネットで「成仏」という言葉を使ったことにもあやかり、庵野秀明の作家的軌跡を、このように分類することにした。個人的な悟りに向かうまでが往相で、それを社会や人々に還元していくのが還相である。間にある「儀式」とは、実写映画『式日』の英語タイトルと、『シン・エヴァンゲリオン劇場版ǁ』の後半から採られている。

論述のスタイルは、「作品論」「作家論」に、「自分語り」などが入り混じるものになる。『エヴァ』は、人に自分を語らせてしまう作品である。であるから、素直に筆者も自分を語りながら、自分にとっての『エヴァ』を語ることにした。と同時に、恣意的な読解にならないよう、庵野秀明自身のインタビューを中心に、制作者たちの発言を参照し、実証的に固めていく努力をした。コンパクトに作り手の思想を知るための本としても、本書は役に立つだろう。

本当に私小説的に観ていいのか、そう感じさせるテクニックなのではないか、集団制作であるアニメや映画で監督に作家性を代表させて良いのかどうかという問題は、本文で検討していくことになる。

表記として、『新世紀エヴァンゲリオン』は「TV版」、『新世紀エヴァンゲリオン劇場版 Air／まごころを、君に』は『EOE』（あるいは「旧劇場版」）、『ヱヴァンゲリヲン新劇場版：序』『ヱヴァンゲリヲン新劇場版：破』『ヱヴァンゲリヲン新劇場版：Q』はそれぞれ『：序』『：破』『：Q』、『シン・エヴァンゲリオン劇場版𝄇』は『シン・』、『：序』から『シン・』までの四部作を「新劇場版」と省略する。『エヴァ』『エヴァンゲリオン』と称するときにはシリーズ全部を指し、ロボットを呼ぶときにはエヴァとカッコ抜きで記す。話数などは作中では「第壱話」などと数字が漢字の大字《だいじ》で表記されているが、それは「第一話」などの平易な表記にした。

目次

II

儀式

III

還相

「エヴァ」はくり返しの物語です。
主人公が何度も同じ目に遭いながら、ひたすら立ち上がっていく話です。
わずかでも前に進もうとする、意思の話です。
曖昧な孤独に耐え他者に触れるのが怖くても一緒にいたいと思う、覚悟の話です。
――庵野秀明総監督『ヱヴァンゲリヲン新劇場版』所信表明

I

往相

1『新世紀エヴァンゲリオン』

かつての一四歳より

一九九五年。

敗戦直後の焦土から奇跡的な復興を遂げ、高度経済成長と高度消費社会を経験し、八〇年代にはGDP世界第二位の経済大国であり、世界に誇る科学技術立国となった日本。八〇年代後半から九〇年代初頭までのバブル景気こそ弾けたものの、世間はまだ狂騒的で、小室哲哉の音楽CDが何百万枚も売れていた時代。世界は永遠に平和で豊かなままで右肩上がりで未来が良くなるという期待と、それが足元から崩れかけていく不安との、二重の予感に引き裂かれていた頃――

ぼくは、一二歳で、郊外に生きていた。できたばかりのニュータウンは均質で、同じような一軒家が並び、小綺麗だった。空は広く、どこまでも自転車で行けるような気がしていた。

戦後日本の高度成長を担った電力関係の大企業に勤める父を持ち、科学や技術を身近に触れて育った。世界は良くなり続けると思っていたし、人類はどんどん進歩して二一世紀には宇宙に進出し、車は空を飛んでいると思っていた。そういう未来を描いたSF小説ばかりを読んでいた。

その未来は、訪れない。

父にリストラの危機が忍び寄り、家庭は荒れた。ぼく自身は、後に高校を辞めて、家にひきこもるようになる。

あの時の気分を、今の若者にうまく伝えられるだろうか。

未来は無限に明るく広く続いているはずだった。社会的なことや政治的なことなど考えなくていい幸福な微睡《まどろみ》が延々と続くかと思っていたら、それは現実ではなかったと突きつけられるような気持ち。

一月一七日に阪神・淡路大震災が発生する。文明の産物である高速道路が倒れ、都市が燃え盛る映像をテレビ越しに遥か遠くから見ている自分は、それをどのような現実感で受け止めればいいのか分からなかった。三月二〇日には地下鉄サリン事件が起こる。霞ケ関駅を行きかう地下鉄の車両内で、宗教団体のオウム真理教が神経ガスのサリンを散布したのである。地方暮らしの子供には「日本の政治の中心地らしい」としか知らない場所で起きた、この無差別テロ事件以降、テレビではオウム真理教に関する番組が連日連夜にわたって流され続けた。日本は安全・安心な国だと思っていた。そうではないのだとそのときに気づくべきだったのだが、まだ子供だったぼくらは、その現実に思い至らなかった。当時の学校や塾では、みなでオウム真理教教祖の麻原彰晃の真似をして、教団の歌を歌い、空中浮遊ごっこをして笑い転げていた。今思えば、八〇年代バラエティのコードで事態を理解し茶化すことで、安全・安心な世界がまだ続いているという錯覚を維持しようとしたのだろう。

政治や経済の具体的な仕組みなどは分からなかったぼくにも、ニュースを見たり新聞を読んだりしていれば深刻なことが起こっていることは分かる。

一九九五年に兵庫銀行が破綻し、一九九八年にかけて、北海道拓殖銀行、日本長期信用銀行、日本債券信用銀行、山一證券、三洋証券が破綻していく。これまで堅牢だと信じていたものが次々と崩れ、流動化していく。

後に知ることになるが、日経連が「新時代の日本的経営」を提唱し、景気の変化に対応するために非正規雇用を増やして活用する方針を打ち出したのもこの年だ。戦後の、「年功序列」「終身雇用」「一億総中流」の体制が崩れ、いわゆる新自由主義へと移行が始まったのが一九九五年前後だったのだ。

謎の単語が飛び交い、自分にはよく分からない理屈でどこかで何かが起こっており、とんでもない変化が起きているようで、それは家庭にもダイレクトに影響を及ぼし、人々は戸惑っているが、しかし、何が起きているかを誰も分かりやすく説明してはくれない。何かとんでもないことが起こっているということだけは分かる。しかし、それが何なのかは分からない。

『新世紀エヴァンゲリオン』が流行したのは、このような時代だった。

地方都市で観た衝撃

『新世紀エヴァンゲリオン』に出会ったのは、ちょうど主人公であるシンジたちの年齢と同じ、一四歳のとき、一九九七年だった。リアルタイムでＴＶ版の『エヴァ』を見て話題にしていたアニメファンやＳＦファンとは時差がある。

アニメやカードゲームが好きなクラスメイトたちが「エヴァ鬼」というのをやっていた。「エヴァンゲリオン鬼ごっこ」というもので、楽しそうに追いかけまわして捕まえあっていた。自分では参加しなかったのでルールは分からないが、中学生たちがそのような遊びをするほどには本当に流行し、届いていたのだ。

後に医学博士になった同級生が『エヴァ』の魅力を熱く語っていたのを覚えている。「使徒という敵みたいなのがいて、原爆みたいなので攻撃されても死なない」と聞いて、「原爆落とされたら死ぬでしょ」みたいに半笑いしながら茶化していたように思う。

それでもぼくは、次第に興味を持つようになり、観てみたくなった。でもその頃はまだ、『エヴァ』のビデオ・レーザーディスクは途中までしか発売されていなかった（DVDなどなかった時代だ）。観たくて、喚いたりなんかしていたのだろう。あまり親しくはなかった同級生が話しかけてきて、録画したビデオテープを貸してくれた。彼は、腕にコンパスの針の刺し痕がたくさんあった。

ともあれ、いざ観始めてみたら——

恐ろしくハマってしまった。いつまでも手元に置いておきたくて、ビデオデッキをもう一台買ってダビングして、自室で観られるようにしてしまったくらいである。ビデオテープが擦り切れるほど何度も観た。

後にも先にも、あんなにアニメにハマったことはない。なぜ自分はあれほど、『エヴァンゲリオン』に夢中になったのだろう。あの年頃にだけ起こる特別な現象なのか、『エヴァ』が特別な作品なのか、あるいは、時代と作品とが複合したときにだけ起きる奇跡なのか。ぼく自身の何がしかの欠損や気質の問題に起因するのか——

書店には『エヴァ』の謎解き本が平積みで並び、後にはエロの同人誌まで普通に置かれた。地方の郊外に住んでいる者にとって、それはカルチャーショックだった。この時代、雑誌や書籍の存在感は、まだ普及途上のネットよりもはるかに大きかった。そして、インターネットやパソコン通信では考察や二次創作が溢れていた（我が家はパソコンの導入は早く、PC-VANやニフティサーブにも入っていた）。それは初めて見る光景だった。

『エヴァ』ほど大きい文化的変化を体感した作品はない。前の世代からは『宇宙戦艦ヤマト』の方が凄いとか、『機動戦士ガンダム』の方が大きかったとか、YMOやパルコ文化の勢いの方が良かったとか、六〇年代のアングラ文化はもっと遥かにとんでもなかったと聞いて、羨ましがりながら想像するのだが、文化的に貧しい地域に住む一九八三年生まれのぼくにとっては、『エヴァ』が一番大きかった。

そして謎本や考察本を読んでいき、衒学《げんがく》的な雰囲気を醸《かも》しだす元ネタになった本まで読んでいくことになる。どうしてそんな情熱が当時あったのか、今では正直あまり思い出せない。コードウェイナー・スミスの「人類補完機構」シリーズや、ディヴィッド・ブリンの『サンダイバー』、ハーラン・エリスンの『世界の中心で愛を叫んだけもの』などはもちろん、何を思ったかキルケゴール『死に至る病』や「ヤマアラシのジレンマ」の元ネタであるショウペンハウエルにも手を出したし、ユングやクレッチマーまで読んだ記憶がある。中学生ぐらいでどうせ内容も分からないのによく読んだなと今では思うのだが、とにかく読んだのだ。人文系の道に進んだり、批評の書き手になってしまったのは、ひょっとするとこのときの学習と訓練の賜物《たまもの》ではないかとすら思われるぐらいだ。

第三次アニメブームを巻き起こす

『新世紀エヴァンゲリオン』は一九九五年一〇月四日から九六年三月二七日まで、テレビ東京系列で一八時三〇分から一九時に放送された。

中心となって作ったのはガイナックスというアニメ制作会社で、主に大阪の若者たちによって一九八四年に設立された。メンバーの大半は、『エヴァ』放送開始の時点で三〇代。原作・脚本・監督を担当したのは、庵野秀明（番組放送当時の企画・原作はガイナックス名義）。

庵野秀明は一九六〇年、山口県生まれで、大阪芸術大学映像計画学科に進学した後に、SF研究会に参加したり自主映画を制作した後、『超時空要塞マクロス』や『風の谷のナウシカ』にアニメーターとして参加し、頭角を表した人物だ。一九八八年から八九年にかけてオリジナルビデオアニメ（OVA）『トップをねらえ！』の監督を、一九九〇年から九一年にかけてNHKで放送されたアニメ『ふしぎの海のナディア』の総監督を務めており、若手ながら充実した作品を完成させていた。

『ふしぎの海のナディア』から四年、監督が庵野秀明、キャラクターデザインが貞本義行で制作されるロボットアニメとして、『新世紀エヴァンゲリオン』は放送前からアニメファンの間で注目されていた。先行して角川書店の『月刊少年エース』では、一九九五年二月号より漫画版の連載が開始している。

視聴率は平均七・一％だったが、放送が始まるやアニメファンから絶大な人気を誇り、『月刊ニュータイプ』や『アニメージュ』などのアニメ誌では毎号のように特集が組まれている。たとえば最終回直前の『アニメージュ』一九九六年四月号は表紙が綾波レイで、巻頭三二頁ブチ抜きで「エヴァンゲリオン徹底攻略」特集が組まれているほどで、ファンたちが熱狂的に支持している様子が確認できる。

また、『少年エース』編集長（当時）井上伸一郎のコメントによれば、貞本版『エヴァ』の読者は「高校生以上から人気に火が付いて、最近では中学生、時には小学生高学年位まで広がっています」（『アニメージュ』一九九六年五月号）とのことで、『エヴァ』が世代を超えた広範な人気を集めていったことがうかがえる。

最終回で初めて視聴率一〇％を超えるが、その内容は大変な物議を醸し、一気に爆発的なブームになっていく。アニメ誌のみならず、『スタジオ・ボイス』などのサブカル誌や、『ユリイカ』などの思想誌、『SFマガジン』やエロ雑誌の『デラべっぴん』など、ジャンルを問わずに扱われるほどの現象を起こした。当時の『スタジオ・ボイス』副編集長は「エアチェックされた『エヴァンゲリオン』のビデオが、マニアだけでなく、クリエイターの業界にも流布していると耳にしたのは、放送が終わって半年近く経った九六年夏のことだ。／ほどなく、別の出版社に勤める知り合いの編集者が二十六話分のビデオを手に入れ」、自宅で小説家や評論家たちと一緒にぶっ通しで見たという（『アエラ』一九九七年七月二八日号）。

読売新聞によれば、「ビデオとレーザーディスクの売り上げは二百万本。漫画は二百七十万部。主題歌のCDは八十万枚を売り、サントラ盤はアニメでは『銀河鉄道999』以来、十七年ぶりのヒットチャート一位の快挙。『アニメ市場で近年にないヒット』（池田頌夫・キングレコード社長）となった」（「久々の〝横綱級〟アニメ」一九九六年一一月一六日）。

『エヴァ』が引き金となって、第三次アニメブームが始まったと言われる。一九六三年、日本で初めての三〇分番組のTVアニメシリーズ『鉄腕アトム』が放送開始されたことで引き起こされた第一次アニメブーム、一九七〇年代の『宇宙戦艦ヤマト』『機動戦士ガンダム』を中心とする第二次アニメブームに続く形である。庵野秀明は当初から一般人が話題にできるようなロボットアニメを作ることを目指していたらしく、プロモーションも含めて戦略的に狙って、見事に成功したと見ていいだろう。後のインタビューによれば、『エヴァ』を始める前に庵野は、一九九三年に同人誌『機動戦士ガンダム 逆襲のシャア友の会』を編集したりすることで『ガンダム』の流れを検証するとともに、『美少女戦士セーラームーン』（一九九二〜九七）の人気の秘訣を検証したという（『アニメスタイル』第1号「庵野秀明のアニメスタイル」）。

『エヴァ』の大ヒットによって、パソコン通信やインターネットにファンの二次創作の小説や性的な画像が溢れ始めたように筆者は記憶している。『エヴァ』のヒットとインターネットとパソコンの普及が同時期だったので、相互作用で全国的に二次創作文化やオタク文化が全国区になった印象がある。難解で哲学的で壮大なSFという、『エヴァ』に触発されたようなゲームもたくさん出現し（『ファイナルファンタジーⅦ』『ゼノギアス』など）、一方で難しいことは考えずひたすらキャラに執着する「キャラ萌え」と呼ばれる現象が広範に及んでいった。

これ以前は、日本のサブカルチャー、オタクカルチャーの印象は、決して今のように「美少女」「萌え」が中心ではなかった。『美少女戦士セーラームーン』などの影響下の元に、それが大きく変わった契機が本作だった。

二〇〇〇年代に入り、急速にオタク文化は表に出てきた。二〇〇三年頃より秋葉原ブームが起こり、文字通りの「電気街」だった秋葉原に、萌え系のイラストが増えていった。二〇〇四年にはネットの匿名掲示板サイト「2ちゃんねる」から生まれた『電車男』が書籍化されて大ベストセラーとなり、翌年には映画化・TVドラマ化される。2ちゃんねるやオタク趣味など、これまで公に口に出すのが憚《はばか》られていた文化が、一挙にメジャーになり、市民権を得ていった。二〇〇五年には「萌え」が流行語大賞のトップテンに選出されている。現在では「オタク文化は日本文化」だと言われるが、一般化してからまだ二〇年も経っていない歴史の浅い文化でもある。

第三次アニメブーム以降、オタク文化やサブカルチャーの中心が「キャラクター」に移行し、二〇〇〇年代には美少女ゲームや、「セカイ系」と言われる作風が席巻した。その中心人物が新海誠である。前島賢『セカイ系とは何か　ポスト・エヴァのオタク史』に拠ると、これら二〇〇〇年代の文化は「ポスト・エヴァ」である。

二〇一〇年代にかけて、『エヴァ』にあった、「謎」「SF」「メカ」の要素はかなり脱落し、美少女や美少年が、歌って踊ったり、日常を過ごしたりコミュニケーションしあったりする「空気系」「日常系」などのアニメが主流になっていった。高度成長が終わり長期的な不況が続いたこと、産業構造の中心が重工業から情報処理やケアなどのサービス産業に移ったことなどがこの変化の背景には推測されるが、その話は今は措く。

個人的には、『新世紀エヴァンゲリオン』は、オタク文化の分水嶺の一つであったように思う。もちろん、それ以前にもオタク文化の中には重要な作品がたくさんあった。しかし、社会全体を巻き込んでその文化の方向を大きく変えたという点において特筆すべきものので、少なくとも九〇年代の作品の中では最高峰なのではないか。

それは巨大な「インパクト」だった。『新世紀エヴァンゲリオン』の中で、起こると言われている「サードインパクト」は、第三次世界大戦の予感を象徴していると同時に、第三次アニメブームを引き起こそうとする作り手たちの狙いの象徴だとも読解できるのだ。

『新世紀エヴァンゲリオン』とはどのような話か

あらすじを説明する。

西暦二〇〇〇年、有史以来最大の災厄――セカンドインパクトが発生し、世界人口の半数が失われた。「使徒」と呼ばれる謎の敵の襲来に備えて（使徒がある目標に達するとサードインパクトが引き起こされるらしい）、人類は汎用人型決戦兵器エヴァンゲリオンという人造人間を建造していた。

二〇一五年、主人公である一四歳の少年、碇シンジが、別れて暮らしていた父に呼び出され、第3新東京市に赴くところから物語が始まる。そこには国連直属の特務機関ネルフがあり、その最高司令官はシンジの父、碇ゲンドウ。ゲンドウが息子を招いた目的は、シンジをエヴァンゲリオン初号機のパイロットにして、使徒と戦わせることだった。普通の中学生にすぎないシンジは突然やったこともない命がけの戦いをさせられることになる。

ネルフ作戦部長である葛城ミサトの元で、シンジは新しい生活を始める。中学校に通い、エヴァを操縦して使徒と戦う日々。そして、様々な人物に出会う。感情が希薄な綾波レイと、非常に勝気な惣流・アスカ・ラングレー。二人はシンジと同じ一四歳で、同級生にして、それぞれエヴァ零号機、弐号機のパイロットである。

シンジはなんとかエヴァを操縦し、敵である使徒を倒して成長していく。それだけだとよくあるロボットアニメだが、『エヴァ』の最大の特徴は、心理描写にある。戦闘の合間合間で、シンジたちの性格が丁寧に描写される。彼は勇気がなく、逃げたくなるたびに「逃げちゃダメだ」と自分に言い聞かせる。友達ができず、携帯電話は誰にも鳴らしてもらえない。孤独な彼はただひたすら時間を潰すためにウォークマンのイヤフォンを耳に入れたまま、環状線を電車に乗って回り続ける。

『エヴァ』のもう一つの特徴は、「人類補完計画」をはじめとする陰謀や謀略が存在し、意味がはっきりしない単語が次々に現れるという「謎」の構造である。そもそも使徒と呼ばれる敵が第3新東京市を襲い続ける理由も分からないし、シンジにはなぜ自分が戦わなければいけないのかも分からなければ、自分が所属させられている組織、ネルフの目的も分からない。巨大な陰謀や計画が進んでいるようだが、科学・哲学・宗教的な意匠や用語が撒き散らされて、それが何だか分からない。シンジと同じように、視聴者にも分からないのだ。視聴者たちはその謎にも魅了され、作品を追いかけ続けた。このような作劇手法は、デヴィッド・リンチ監督のTVドラマシリーズ『ツイン・ピークス』など、九〇年代には数多く見られたものである。

さらなる特徴として、キャラクターたちは心の欠損が目立ち、コミュニケーションも互いにうまくいかないことが挙げられる。九〇年代当時、これは「現代の若者」を象徴していると多くの評者が論じている。共同体やつながりを喪失し、生きる意味や目的も喪失してしまった戦後日本の人々を描き、彼らに疑似的な宗教感覚を与える作品だとも解釈された（宮崎哲弥）。

シリーズの前半においては、それでもまだ登場人物たちの交流も描かれていた。ロボットによる戦闘パートだけではなく、クラスメイトの鈴原トウジや相田ケンスケとの交流といった日常パートも丁寧に描かれ、ほとんどラブコメのような展開もある。シンジが成長し活躍する物語なのかもしれない、と視聴者は思わされつつ、様々な伏線や描写から「そうではないかもしれない」という予感をも抱いていた。

実際、作品は転調する。この、前半部と後半部の転調こそが『エヴァンゲリオン』である。後半部で、『エヴァ』は牙を剝く。前半で行ってきたファンへの「サービス」をひっくり返し、視聴者たちにある批判を突きつけるのだ。

メタアニメとしての牙を剝く

第一六話で一度目の転調が起こる。エヴァのエントリープラグ（操縦席）に長時間閉じ込められたシンジが、ひたすら自己の内面と対話するようになる。画面は線が動くだけになるなど、前衛的かつ抽象的な技法が目立つようになる。ロボットが活躍して世界を救うのではなく、シンジの心の問題が中心になっていくかのようである。ここで「オタクの実存」への問いが現れる。

第一九話においてもう一度の激しい転調が起こる。「男の戰い」と題された本エピソードは、父による、友人を犠牲にする残酷な決断にシンジが反抗するエピソードだ。エディプス・コンプレックスの理論によると、父への反抗と父殺しは、一人前の男になるために必要な精神的な儀式である。

シンジは自分の意志に目覚め、父に反抗し、一人前に成長するのかと思いきや、そうはならない。一瞬でやられてしまう。成長すること、男になることの不可能性のようなものがここで強く強調される。シリーズ後半は、一生懸命頑張ろうとしたシンジがへし折られ、心を病み、閉ざしていくプロセスがひたすら描かれる。

そのエピソードの後にエヴァは暴走し、シンジは「胎内」に取り込まれてしまう。後述するが、エヴァ初号機はシンジの母親の魂をコアにしており、エントリープラグ内は羊水に近い成分だとされている。外界と向き合うことをシンジはやめて、母胎回帰をしてしまうのだ。

第二二話では、ヒロインの一人であるアスカに、母親の自殺を目の当たりにしたトラウマがあることが判明する。使徒の精神汚染の攻撃により、彼女は廃人に近い状態になってしまう。使徒の精神汚染は、レイプを連想させるように描かれており、彼女は「汚されちゃった」と泣く。

第二三話ではもう一人のヒロイン、綾波レイがクローン人間であることが明かされ、その身体を破壊する残虐なシーンをも描かれる。

いわゆる定型的な楽しいアニメだと油断していた視聴者は、ここで現実に存在するような悲惨さ、生々しさ、残酷さを突きつけられる。キャラクターを単なる記号と思っていたら、厚みのある深刻な背景があったことを次々と知らされる。美少女のキャラに萌えて楽しんでいた観客たちは、唖然としただろう。

第二四話では、アスカとレイを失い、心の拠り所を失ったシンジに美少年の渚カヲルが接近する。二人の関係は、やおいやＢＬと呼ばれる、男性同士の性愛を描くフィクションにおける理想化された関係性を強く思わせるように描かれる。そのカヲルが使徒だと判明し、シンジは自ら操縦するエヴァの腕で握りつぶして殺害してしまう。

酷い目に遭い続けたシンジは、心を閉ざし、ほとんど自分自身の意志すら失った状態になる。第二五話、二六話では、「何故殺した」などの内面での自問自答が描かれる。これが様々なアニメと比較しても突出して特異なところで、大きな話題を呼んだ。大塚英志は、それを「自己啓発セミナー」だと評している。

突然、物語上の伏線も投げ捨てて、シンジの内面の劇が始まり、作品の結末近くでは、第3新東京市の模型が出てきたり、ラフ画や台本がそのまま出てきたりして、「これは作り物です」と強調していた。

第二六話では最後に、シンジが「僕は僕でしかない。僕はここにいてもいいんだ!」と叫ぶと、彼を取り囲んでいたスタジオのガラスは割れ、彼の周囲の世界は開かれた青空と海になり、登場人物たちが拍手しながら「おめでとう」と言い、シンジは「ありがとう」と答える。そして字幕で「父に、ありがとう。」「母に、さようなら。」「そして、全ての子供達に」「おめでとう」と出て、終わる。

あまりに唐突で、多くの人には意味が分からないだろう。実際、映画版として二五話、二六話はリメイクされることになる。

作品全体の「謎」は解決されず、突然投げ出したかのような終わり方に、一般のアニメファンから評論家たちまでが侃々諤々《かんかんがくがく》の議論をしたのみならず、パソコン通信でも激しい言い争いが起こっていた。岡田斗司夫は「こんな面白い見せ物はアニメ史上初めてだった」(『ユリイカ』一九九六年八月号 p103) と言っている。

批判者の中にはかなり強烈に反発する者たちも出て、庵野秀明へのネット上での殺害予告や、アニメを制作するスタジオへの落書き事件なども生じ、それは劇場版の作中に取り込まれることになった。今でいう「炎上」に近く、筒井康隆が『朝のガスパール』(一九九一〜九二年、朝日新聞連載の長編小説) で行った、パソコン通信を作品に取り込み、そこを挑発する作風と似ているように思われる。現代風に解釈するならば、社会的な議論を巻き起こすような作品を敢えて作り、それに対して人々が話し合っていくことを通じて社会のあり方を変えていく「社会関与型の芸術」を、アニメーションで行っていたと言うこともできるだろう。

なぜこのような激しい反発や議論が起こったのか? その理由の一端は、『エヴァ』がメタアニメとしての牙を剝いた、庵野自身の言葉で言えば「バケツの水を」かけた (『アニメージュ』一九九六年七月号) ことにあるのではないだろうか。メタとは、それそのものを主題とするようなことで、メタアニメとは、アニメそのもの、アニメのファンたちそのものを問題にしたアニメのことである。それこそが『新世紀エヴァンゲリオン』の最重要ポイントである。

「オタク」とは何か

『新世紀エヴァンゲリオン』とは「オタクの実存」を描くメタアニメである。ただし、それは単純にオタクを批判するだけのものではない。庵野秀明自身がアニメ業界屈指の極め付きのオタクである。彼は結婚してからも戦隊モノや特撮を熱心に観ているし、アニソンを熱唱する。だから、ここでいう「批判」とは、外から一方的に断罪するのではなく、オタクである庵野秀明自身による内省と自問自答と葛藤が形を変えたものという側面があると理解した方がいい。

とはいえ、若い読者には、ここで言う「オタク」批判はピンと来ないかもしれない。現在は、アニメやマンガは、ポップカルチャーであり、メジャーな大衆文化となっている。日本の主要文化の一つと言っていいぐらいだ。現在の用語法における「オタク」とは多くの場合、そのようなアニメやマンガが好きな人、というぐらいに薄まった意味になっている。

だが、言葉や概念は、時代や状況の中で中身が移り変わり、違う意味を持つ。『エヴァ』を理解するためには、「オタク」という言葉や概念がどのように変遷してきたのかを知る必要がある。ここでは、簡単に「オタク」という概念史を素描する。なお、「おたく」と「オタク」は違うものを指すとされることもあるが、本論では同じものとして扱うことにする。

「おたく」という言葉が、ある集団を指す名称として初めて活字で定義されたのは、『漫画ブリッコ』一九八三年六月号に掲載された中森明夫「『おたく』の研究①」によってである。コミックマーケット（コミケ）に行った中森が、そこにいた人々をこのように描写している。

「ほら、どこのクラスにもいるでしょ、運動が全くだめで、休み時間なんかも教室の中に閉じ込もって、日陰でウジウジと将棋なんかに打ち興じてたりする奴らが」「普段はクラスの片隅でさぁ、目立たなく暗い目をして、友達の一人もいない、そんな奴」「それも普段メチャ暗いぶんだけ、ここぞとばかりに大ハシャギ」「それがだいたいが十代の中高生を中心とする少年少女たちなんだよね」

つまり、普段暗くて、ファッションに興味がなく、コミケだとやたらにはしゃぐ「少年少女」たちである。

そして、その対象となる趣味をこう挙げる。鉄道、ＳＦ、コンピューター、アイドル、オーディオ。他の特徴として、「牛乳ビン底メガネの理系少年」、「有名進学塾に通ってて勉強取っちゃったら単にイワシ目の愚者になっちゃうオドオドした態度のボクちゃん」というように、理系やガリ勉、そしてファッションの苦手さや対人コミュニケーションの不得意さという性格までが「おたく」に含意されている点に留意してほしい。科学や技術がたくさん現れ、技術用語や哲学用語を駆使する『エヴァ』がターゲットに想定していたのは、このような意味での「オタク」に近いのだと思われる。

中森明夫は「おたく」をこう命名する。「それでこういった人々を、まぁ普通、マニアだとか熱狂的なファンだとか、せーぜーがネクラ族だとかなんとか呼んでるわけだけど、どうもしっくりこない。なにかこういった現象総体を統合する的確な呼び名がいまだ確立してないのではないかなんて思うのだけれど、それで（中略）彼らを『おたく』と命名し、以後そう呼び伝えることにしたのだ」。

つまり、何かに熱中したり熱狂したり好きであるというだけでなく、「ネクラ族」的な暗さやコミュニケーション不全の側面を含んだ人々を指す概念として、「おたく」は初めて活字上で定義された。

庵野は『エヴァ』の放送開始時に、「この『エヴァンゲリオン』という話は、コミュニケーションの無器用な人たちの話なんだよね。他人との接触を怖がって自分のカラに閉じこもっちゃった男の子と、表層的なつきあいに逃げることで自分を守っている29歳の独身女――そういう人間たちが、どう変化していくんだろうっていう話だから」（『月刊ニュータイプ』一九九五年一一月号別冊付録「NERV FILE」）と述べているが、本書の言う「オタク」

とは、単にアニメやマンガが好きな人ではなく、コミュニケーションの不器用さや内向性まで含意していた八〇～九〇年代の用法を念頭に置いている。

オタク像の定着

「オタク」の語が急速に社会に広まったのは、宮﨑勤事件がきっかけである。

一九八八年に連続幼女誘拐殺人事件が起こり、翌八九年八月、当時二六歳の青年、宮﨑勤が逮捕される（二〇〇八年に死刑執行）。加熱する報道では、アニメや特撮、ホラーもののビデオやロリコン雑誌などの溢れた彼の自室がたびたび映し出され、社会的に「おたく」へのバッシングも高まった。逮捕直後、『週刊読売』一九八九年九月一〇日号の宮﨑特集「第3弾」では、「おたく族とは」の見出しで、次のように説明している。「アニメやパソコン、ビデオなどに没頭し、同好の仲間でも距離をとり、相手を名前で呼ばずに『おたく』と呼ぶ少年たちのこと。／人間本来のコミュニケーションが苦手で、自分の世界に閉じこもりやすいと指摘されている」。

「オタク」という言葉が新聞紙面に現れた様子も確認してみよう。以下は、朝日新聞「聞蔵Ⅱビジュアル」、毎日新聞「毎索」、読売新聞「ヨミダス歴史館」を利用し、「オタク」「おたく」「お宅」などで検索し、二人称の意味での「おたく」を除外した結果である。

『読売新聞』一九八五年七月一四日「昨今芸能情報」が、二人称ではない「オタク」が新聞紙上に使われた初の例である。ここでは「おタク族」とは、音楽業界に関する話題に出てくる消費者層のことで、「高感度」で「情報に敏感」だけれど「すぐに自分のカラにこもって拒否反応を示す現代の若者」と表現されており、さほどネガティヴな印象は受けない。ここでいう「おタク」とは、マーケティングにおける消費者の類型である。

『読売新聞』一九八七年一月二一日の記事「電話　いまや学生の必需品」では、長電話を好む若者たちへの小田晋のコメントとして「かかわりを持ちたいが、ちょっと距離を置きたい」「ヤマアラシのジレンマ」的なメンタリティを二人称表現の「オタク」と関連付けている。この時点でも、懸念は示されているものの、ひどくネガティブな表現ではない。

宮崎事件以前における、二人称ではない「オタク」の語の使用記事は、この二例（正確には前者の一例のみ）以外に拾うことができなかった。

宮崎事件が起こってからは、『毎日新聞』一九八九年八月二〇日はじめ、「おたく」と「ロリコン」「死体愛好」「ホラー」などが結びつき、「不気味」「異常」などと否定的に表現されることが急増していく。

『新世紀エヴァンゲリオン』の企画が構想されたのは、このような「オタク」像が社会的に定着して間もない時期でもあった。繰り返すが、「オタク」はまだ社会的に認められていないし、アイデンティティとしてもうまく機能していない時期である。その頃には「オタクでいてもいいのだろうか」「自分とは何なのだろうか」という悩みは、当事者たちに発生しやすかった。

庵野秀明自身の「オタク」観も紹介しよう。妻である安野モヨコが、二人の夫婦生活をモデルに描いたエッセイ漫画『監督不行届』（二〇〇五）の巻末インタビューで庵野は、「僕がオタク」と断った上で、「いわゆるオタクの内包的特徴」を挙げていく。「内向的でコミュニケーション不全、つまり他者との距離感が適切につかめないとか、自己の情報量や知識量がアイデンティティを支えているとか、執着心がすごいとか、独善的で自己保全のため排他的だとか、会話が一方的で自分の話しかできないとか、自意識過剰で自分の尺度でしか物事をはかれないとか、ナルシスト好きだとか、肥大化した自己からなりきり好きであこがれの対象と同一化したがるとか、攻撃されると脆い等々」（p141-142)。

これが『新世紀エヴァンゲリオン』という作品の中で批判的に検討される「オタク」の類型と見ていい。

ここで指摘されている内容は、正直、耳が痛い。隠すつもりもないが、筆者自身もそういう性質を持っており、この意味での「オタク」にとても当てはまるのだ。

本書の言う「オタクの実存の物語」とは、このようなアイデンティティの動揺と不安の中で、自己を批判したり肯定したりして確立を手探りしていく営みのことである。庵野秀明を含む作り手たちの葛藤と、視聴者たちのそれが同時代的に共鳴し、オタクという新しい生き方が一般化してきた日本社会をどう捉えるべきかという大きな議論とも同調していったのだ。

「自閉症」の少年たちを描く系譜

『エヴァ』に描かれた「オタク」像は「自閉症」と関連が深いのではないかと思われる。もちろん、これはオタクが自閉症だという話ではない。そうではなく、庵野秀明がシンジのキャラクターを造形するときに、自閉症を意識したと思しき痕跡があるのだ。

庵野秀明は、ロボットアニメの先駆者である『ガンダム』の富野由悠季の影響を強く受けている。そして、後述するが新劇場版は、『機動戦士Zガンダム』の劇場版に刺激されて作られている。内向的で戦いそのものを否定する繊細な内面を持つカミーユは、富野が八〇年代半ばに『Zガンダム』で描いた主人公だった。シンジはカミーユをイメージソースの一つとしている人物であると思しい。

『機動戦士Zガンダム』LD-BOX（一九九四）のブックレットには、庵野による富野へのインタビューがある。そこで富野は、「カミーユをフォウみたいにシンプルに、『自閉症の坊や』として描きたかったんでしょう」と言っている。この時点での富野の自閉症という言葉遣いには時代的な制約があるが、このような意図があったことを確認しておくことは重要である。

庵野は富野に「当時の談話で『僕には今の若い子たちがみんなカミーユみたいに見える』と語ってらっしゃったんですが」とも訊ねている。富野は「それは感じていた。ロダン（引用者註：カミーユの名は、彫刻家ロダンの弟子、カミーユ・クローデルからとられている）の時代だったら鬱病になって、それが亢進していって病院に入れられてしまうという人も少なからずいたわけだろうけど、今の時代はある部分それが風俗になることもままあるわけです。価値観や生活様式が変わったことによって、かつての異端児視されていたものが、TOKYOという状況の中では風俗になっちゃってる部分が目につく」と答えている。

カミーユたちニュータイプとは、自閉症を意識した造形であり、生活様式などの変化で東京などではそれが「風俗」になっていっている状況を意識して富野は『Zガンダム』を作っているのではないかと推測される。『エヴァ』のシンジもそれを踏襲しただろう。『ガンダム』や『エヴァ』を自閉症的であるが特別に秀でた能力も備えた、高知能の自閉症スペクトラム障害を持った子ども、いわゆる（2E〔Twice-Exceptional〕、すなわち高度な能力と障害の両方を持つ）ギフテッドのような少年少女たちの実存を巡る物語だと再定義してもいいのかもしれない。彼らは過集中という特殊能力も持っており、それが発揮されると常人よりも遥かに優れた能力を発揮することがある。時にはそれが暴走し、疲れ果て、虚脱と呼ばれる現象が起こり、鬱や疑心暗鬼などのメンタル的な問題も起こすようになる。

庵野秀明や『新世紀エヴァンゲリオン』について、九〇年代にはアダルト・チルドレンや境界例（斎藤環）、精神分裂病（野火ノビタ）などの病跡学的な解釈がなされていた。当時は心理学・精神分析的な解釈のコードが主流だったが、脳神経科学が発展し大衆化した現在では、作品に描かれるシンジの特徴などからは自閉症スペクトラムを念頭に置いたキャラクター造形ではないかと分析したくなってしまう。ただし、庵野秀明ら作り手が自閉症であるなどという主張ではない。

自閉症スペクトラム障害（自閉スペクトラム症）とは、対人関係が苦手で強いこだわりを特徴とする発達障害の一種である。かつてはアスペルガー障害と呼ばれていたものを含む。他者の心や内面を推測するのが苦手で、人よりもモノに興味を持ちやすい。決められたパターンを反復することを好む傾向があり、特定の興味の対象には強い集中力を発揮することも多い。論理的で秩序だったものを好み、感情や予測不可能なものを恐れ拒む傾向がある。「スペクトラム」とは、連続という意味で、「障害／健常」と線を引いて二分するのではなく、連続的になだらかにその特性があるということを示す概念である。

松本敏治『自閉症は津軽弁を話さない』（二〇一七）によると、自閉症スペクトラムを持っている者は、直接的な対人関係からよりも、テレビやフィクションから言葉を学んでいく傾向がある。それを、『新世紀エヴァンゲリオン』の、テレビや映画などからの「引用」の集積として構築された世界観と結び付けることも可能だろう。全体よりも断片に淫する傾向なども指摘される。

なぜそのようなことを知っているのかと言えば、ぼく自身にその傾向があるからだ。大人になってから検査をした結果としては、確定診断こそ付かなかったが、自閉症スペクトラムの傾向は確かにあった。対人関係のトラブルなどからも、それを想定するのが妥当だろうと思われる。しかし一方で、過集中を生かしてこれまで文章を書いたり、論文を書いて博士号までいただいてしまった。文化研究者としては稀な、東京工業大学という理工系の出身なのも、このスペクトラムとの関係があるだろう。父親が電気関係のエンジニアなので、遺伝も強く推測される。

だから、シンジくんは、ぼくなのである。

自分のことが描かれていると感じたのである。他のフィクション、日本文学やテレビドラマには出てこないような、自分自身が描かれているように感じたのである。

『ガンダム』の「ニュータイプ」という設定には、そのような新しい時代を生きる若者たち≒オタクたちの生き方を問う側面があった。そして、『エヴァンゲリオン』は、ロボットアニメとして、その問題系をダイレクトに引き受けた作品だと言ってよいだろう。

「楽しいこと見つけて、それぱっかりやってて、何が悪いんだよ」

具体的に「オタクの実存の物語」として読み得るところを見てみよう。それは、シンジが内面世界において、電車に乗っているシーンとして表現される（これは新劇場版においても繰り返し登場する）。

第一六話、ディラックの海と呼ばれている「虚数空間」にエヴァごと閉じ込められ、エントリープラグの中で意識が曖昧になっていったシンジは、自己と対話する。

「父さんが、僕の名前を呼んだんだ。あの父さんに誉められたんだよ」「その喜びを反芻《はんすう》して、これから生きていくんだ？」「その言葉を信じたら、これからも生きていけるさ」「自分を騙し続けて？」「みんなそうだよ、誰だってそうやって生きてるんだ」「自分はこれでいいんだ、と思い続けて。でなければ生きていけないよ」「僕が生きていくには、この世界には辛いことが多すぎるんだ」

辛いことが多すぎるから、目を背けて、自己欺瞞《ぎまん》的に自己肯定するしかない。そんなシンジが自分自身に責められる。

「嫌なことには目をつぶり、耳をふさいできたんじゃないか」「楽しいことだけを数珠《じゅず》のように紡いで生きていられるはずがないんだよ、特に僕はね」

そして叫ぶ。「楽しいこと見つけたんだ。楽しいこと見つけて、そればっかりやってて、何が悪いんだよ！」と。

社会や現実に存在している嫌なことは見ない、聞かない、意識に上らせるようにしない。代わりに、コンテンツに依存症のように耽溺《たんでき》し続ける。「虚構＝虚数 imaginary」の世界に閉じこもり、好きなものだけを繋いで生きていこうとする。最後の批判は、好きなことばかりに没頭して生きることを批難された者の心の底からの叫びに近いだろう。

第二〇話ではシンジがエントリープラグのＬＣＬに溶けてしまい、また内面の世界が展開する。設定の詳述は避けるが、エヴァのコアには母親の魂があり、ＬＣＬは原始の海水、羊水に似た成分であり、そこに溶けて閉じこもるのは他者や現実に向き合わない母胎回帰願望の表現である。そのような世界こそが、オタクたちの欲望の向かう先だと表現しているだろう。

シンジはそこを「そうか、みんな僕の世界なんだ」と表現する。そこに使徒たちの画像が現れ、シンジは、「敵、敵、敵、敵」と叫ぶが、その「敵」のうちの一枚は、第3新東京市である。つまり、内の世界に籠もっているシンジにとって、社会や他者たちが敵に感じられてしまうのだ。

後に『新世紀エヴァンゲリオン劇場版　Air／まごころを、君に』で「だからみんな死んじゃえ」と呟《つぶや》いて全人類を滅ぼして融合させてしまう展開や、使徒が遺伝子レベルで人間と同じ存在だったと判明するという内容は、既にここで予告されていると言っていいだろう。異様で気味が悪い異物に見えていた使徒たちは同じ人間で、他者だったのだ。ヒトという言葉を江戸弁で言えば、シトになる。内に籠もろうとする精神にとっては、社会や他者が敵に見えてしまう、という心理メカニズムの寓話だと捉えることもできるだろう。

第二五話で、ゲンドウらが目指していた「人類補完計画」とは何かが分かる。それは人間の心の空白を埋める「心と魂の」補完であり、ゲンドウはそれを「すべてを始まりへ戻すに過ぎない。この世界に失われている母へと帰るだけ」のもので「全ての心が一つとなり、永遠の安らぎを得る」のだと言う。使徒やエヴァが使っていたA.T.フィールドというバリアは、第二四話において「心の壁」だと明かされる。そのような心の壁があるから、人は心に空白を覚え、他者との関係で傷つき合う。であるならば自己と他者の区別を失い融解すれば良いのではないかというロマン主義的な幻想の実行こそが、「人類補完計画」なのだった。

それは、シンジの望みでもある。それこそが、サードインパクトであり、第二五話タイトル「終わる世界」が示唆している「世界の終わり」である。冷戦期における第三次世界大戦や核戦争の恐怖を予感させつつ、そうではなく、閉塞こそが「世界の終わり」だとひっくり返したのだ。

第二五話の終盤で、様々な登場人物たちの心の葛藤を見せられたシンジは、「これが事実、全ての結果なのか？　これが？」と問い、「あなたが望んだ結果なのよ」と諭《さと》される。そして登場人物たちが言う。「破滅を。誰も救われない世界を」「これは、君が望んだことだ」「破滅を、死を。無への回帰を。あなた自身が望んだのよ」「これが現実なのよ」と。

シンジは「現実って何だ？」と問う。「あなたの世界よ」と答えが返ってくる。「時間と空間と他人と共にある、君自身の世界のことさ」「君がどう受け止め、どう認めるかは、君自身が決める世界だ」「あなたが決めている世界なのよ」「君の心が、そうだ、と決めている世界なのだ」「閉鎖された自分一人が心地いい世界を君は望んだ」「自分の、弱い心を守るために」「自分の、快楽を守るために」「あなたは、世界の、自分を取り巻く世界の閉塞を願った」「嫌いなものを排除し、より孤独な世界を願った、あなた自身の心」「それが、導き出された小さな心の安らぎの世界」「この形も、終局の中の一つ」「あなた自身が導いた、この世の終わりなのよ」と。

主張は明瞭だろう。他者を拒み、自分だけが気持ちいい世界に閉じこもることによって、

「破滅」「死」が導かれる。オタク的な実存への強烈な否定である。

「オタクの実存」を扱ったメタアニメ

第二六話では、「誰もいない世界」の続きが描かれる。それは「自由の世界」「何者にも束縛されない、自由の世界」だと表現される。それは、図像としてまだ描き込まれ、作られていないアニメの世界として描写されている。シンジはどうしたらいいのか分からない。「漠然としすぎてる」「何もつかめない世界」「それが自由」である。

シンジはこう叫ぶ。「何もない空間。何もない世界。僕のほかには何もない世界。僕がよく分からなくなっていく。自分がなくなっていく感じ。僕という存在が消えていく」。その理由は「ここには、あなたしかいないから」であり、「自分以外の存在がないと、あなたは自分の形が分からないから」である。

「他の人の形を見ることで、自分の形を知っている」「他の人との壁を見ることで、自分の形をイメージしている」「あなたは、他の人がいないと自分が見えないの」「一番最初の他人は、母親」「母親は、あなたとは違う人間なのよ」と説明をされ、シンジは気づく。「そう、僕は僕だ。ただ、他の人たちが僕の心の形を作っているのも確かなんだ」と。そしてアスカが言う。「やっと分かったの?」と。

これも明瞭だろう。自由に思い通りになる世界＝アニメや趣味の世界に耽溺したいという欲望は、他者のいない世界に帰結する。他者のいない世界は、自由ではあるが、何をしていいか分からず不安であり、自分自身の輪郭すら摑《つか》めなくなっていく。だからこそ、他者との心の壁を築く必要があり、母親と自分も違う人間だと知る必要がある。母胎回帰願望は捨て、社会や他者に触れるべきである。

最後は、かなりダイレクトに教育的メッセージが発せられる。

「そう考えれば、この現実世界もそう悪いもんじゃないわ」「現実を、悪く嫌だと捉えているのは君の心だ」「現実を見る角度、置き換える場所。これらが少し違うだけで、心の中は大きく変わるわ」「だが、君の真実は一つだ。狭量な世界観で作られ、自分を守るために変更された情報。歪められた真実」「受け取り方ひとつでまるで別物になってしまう、脆弱《ぜいじゃく》なものだ。人の中の真実とはな」「人間の真実なんて、その程度のものさ。だからこそ、より深い真実を知りたくなるんだね」

そしてシンジは叫ぶ。「でも、僕は僕が嫌いなんだ。僕は卑怯で、臆病で、ずるくて、弱虫で。僕は僕が嫌いだ」と。

その後、自己肯定感を、彼は獲得する。「僕はここにいてもいいのかもしれない。そうだ、僕は僕でしかない。僕は僕だ。僕でいたい。僕はここにいたい。僕はここにいてもいいんだ！』。ガラスが割れ、世界が広がり、青空が現れる。登場人物たちが拍手をし「おめでとう」「おめでとう」と口々に言う。

放送終了後に庵野はアスカ役の声優・宮村優子との対談で、このラストは「アニメファン」に「必要なもの」を見せるために、「ある程度覚悟の上で、半分、自分に水かけて、半分、観客に、テレビ見ている人に水をかけたようなもんです、バケツの水を」（『アニメージュ』一九九六年七月号）と表現している。対談の司会役である『アニメージュ』編集長から「それほどアニメファンに水をかけたくなった理由っていうのは、よくわからないところなんですけど……」と質問されると、「依存心が強すぎてイヤだった」とも答えている。

これを、エンターテインメントの側面を振り捨てて突きつけたからこそ、本作の結末二話は大変な話題になったのだ。『新世紀エヴァンゲリオン』とはオタクの実存的葛藤を引き受け、その閉じこもる性質を批判し、他者や現実や社会と接することを提案した作品なのだ。これは、一番最初のTV版からも明らかである。ただし「僕はここにいてもいい」という肯定感は、アニメの世界にいてもいいという風にも受け取れる。いわば、「同志であるオタクたちへのメッセージ」として、優しさや受容の態度もうかがえる。その点、後の『ＥＯＥ』の方がより苛烈でダイレクトな批評になっていると言えるだろう。

この性質を指し、「オタクの実存」を扱った「メタアニメ」と呼んでいる。そのメタ性は、自身のジャンルやメディアの性質それ自体を意識化し、批評的に振る舞うことで、観客や視聴者にそれを意識化させ、突き放す振る舞いとして現れる。それは「これは映画である」と映画で突きつけたジャン・リュック・ゴダールや、これは演劇であるのだと舞台上で突きつけた唐十郎や寺山修司のような、アヴァンギャルドの系譜に属する内容を、アニメによって展開したと見做《みな》していいだろう。

ＴＶ版最終二話は意図されていたのか

第二五話、二六話は、制作スケジュールの関係や、予算がなくなったことによってこのような形になったと作り手たちも語っている。だが、作中へのラフ画や脚本の登場は、そのせいではなく、表現だと庵野は明言している。

庵野は言う。

「『エヴァンゲリオン』の作業ってライブ感覚なんですよ。ストーリーにしろキャラクターの配置にしろ、理屈でやってなかったんです。作業をしながら、いろいろな意見を取り込んで、自分で自分の心理を分析して〝あっこういうことか〟と」「だんだんスタッフが加わり、アドリブで誰かのギターがなり始めたらそれを受けてドラムやベースが変わるように、『エヴァ』にはライブ感覚が生きてきた。演奏が終わるのは放送が終わるとき。だから、前の回の脚本があがらないと次の脚本には入れない。通常の作品より時間がかかるんです」「フィルムの中にドキュメンタリズムを入れてみたい——というのが僕なりのライブ感覚なんです。TVアニメで記号論を破壊する方法はめずらしいでしょうね。線画が出たときに、業界の一部の人間に手抜きと言われましたが、あれを手抜きと見る時点でもうダメです。あれを〝表現〟として狙っていることに気づかない、というより、観念がすでに存在していない」（『月刊ニュータイプ』一九九六年六月号）。

「ライブ感」こそが、『エヴァンゲリオン』の肝《きも》であり、作りながら変わっていった部分が大きい。敢えて結論を事前に出しておかないことでサスペンスを作るという作劇であると言ってもいいし、それが作り方と内容に相互作用を起こすということでもある。特に、第二六話に関しては、内容はかなり後の時期になるまで決まっていなかったらしい。庵野秀明は「本来のストーリー上の25・26話（最終回）に関しては、25話はシナリオまでできてました。26話はプロットの段階で放棄してしまった。来年に発売するビデオとLDでは本来の25・26話を作り直しますが、26話に関してはビジュアル的にもう一度練り直しですね」（同）と語っている。

第二五話、二六話について、キャラクターデザイナーであり、漫画版の作者である貞本義行は、「繋ぎ」がなかっただけだと擁護している。「でも、僕はあの二五、二六話でいいと思う。単純に、二四話から二五話への繋ぎの話が抜けてるだけだと思ったけどね。だから今やってる本来の二五話（リテイク版）が。それが抜けてるだけじゃんと。僕は最初の脚本見てたから。本来の二五話が入ったら、きれいにテレビ版の二五、二六話につながるはずだから。一話分抜けてるだけだな。いいじゃんって」（『パラノ・エヴァンゲリオン』p164）。

エンディングをアドリブで決める作り方をしている以上、当然、作品の最も核となる謎であり、目的である「人類補完計画」の内容も決まっていなかった。庵野はこう言っている。「即興性《アドリブ》ということでいえば、2話で人類補完計画という、物語の縦軸になることばを出したけれど、何を補完するのか決めていなかった。字面《じづら》のハッタリだけです（笑）」（『月刊ニュータイプ』一九九六年六月号）。「実際は、『補完計画』って全体の半分ぐらいの話数まで、人類を補完するって、何を補完するんだろうって、ハッキリとは決めずにやってましたからね」（『アニメージュ』一九九六年七月号）。

では、オタク批判の主題は、アドリブで後から出てきたのだろうか？　いや、そうではない。

『エヴァンゲリオン』シリーズの基本ラインはTV版から一貫して、オタクというあり方に警鐘を鳴らし、外に出ることを志向させ、現実に引き出すことを目指しているのだと言うことができる。

『月刊ニュータイプ』一九九五年四月号の「新たなる挑戦」では、第一話、第二話の作画作業の最中に庵野への取材が行われているが、「オタクの実存」の問題を扱い、それに批評的に介入するアニメであるという『エヴァ』の意図は明瞭に語られている。

「たとえば、20歳を過ぎてロボットアニメや美少女アニメが好きな人間って、本当に幸福なんでしょうか。もっと大きな幸福があることを一生知らないですすめば幸せかもしれない。だけど、僕はそんな幸福に疑問を持ってしまったんです」「この作品をつくりながら、そんな人間にとっての幸福ってなんなんだろうって考えてみたいんですよ」「『ナディア』よりも、カルトな作品になると思いますよ、こんな〝気分〟の作品はまずないでしょうから」

ロボットや美少女アニメに夢中なオタクたちを問題にし、その「幸福」を問うという『エヴァ』の内容は、少なくともこの時点ではすでに意識されている。そして「カルト」な作品になるとも言っている。「王道」を外すのは意図的であり、確信犯であったことを推測させられる。

一九九三年の企画書（第二稿）も、オタク批判の意図が当初からあったことを明瞭に語っている。

「大人達は、『人が生きることのつらさ』を知っています。と、同時に『人が生きることのおもしろさ』をも知っています。生きるために、例え〈嘘〉だとわかっていても『正義と愛』という〈夢〉や〈希望〉が必要なのだ、と知っています」。だから、アニメーションという、「全てが人の描いた『絵』であるという世界観」を活かすことで「子供達に虚構と現実との違和感もなく、ピュアに伝えることができる」のだと（三頁）。

次のページでは主人公シンジを、「どこにでもいる、ごく当たり前の少年」であり、「日本人の姿とダブる」と表現した上で、主題をこのように語っている。「今、子供たちはテレビの前で一人遊びはできても、集団の中では何もできません。他のモノへの依存症が強く、マニュアル無しでは、どうすれば良いのかわからないのです。子供たちは、プレッシャーだらけの『現実』の中で、自分一人では何もできなくなっています。このままで、良いのでしょうか？」「私たちは、観客である子供たちが本企画・アニメーションという『夢の中にある現実』を観て、『自分の意思で生きること』とは何かを感じ取ってほしい、と願っているのです」（四頁）

『新世紀エヴァンゲリオン』のやろうとしたことは明瞭であろう。フィクションの中に、食べやすくした現実の成分を織り交ぜて、人生のつらさやおもしろさを味わわせて、シンジくんのようなマニュアル人間の子供たちを自分の意思で生きるように促したい。当初かられが既定路線であり、本作の主題であると解釈する強い証拠になるだろう。

TV版の最終話も、『EOE』も、『シン・』も、「オタク批判」という基本線は一貫しており、全くブレていないのだ。

ロボットに乗ること＝社会化されること

ロボットモノにおいて、巨大ロボットに乗るというのは、大人になること、社会化されることの象徴である。ロボットモノは、子供たちが視聴することを想定しており、子供たちに隠喩《いんゆ》的にメッセージを伝えることを志向することが多い。自分自身の生身の身体ではなく、機械を纏《まと》って、操縦をして間接的に巨大なものを動かすという経験は、我々が社会に出たときにする経験と非常に近しい。

「社会人」とは、生身のその人間ではない。顔つきや、態度、衣装、肩書などによって評価され、判断される。警察の服を着ていれば警察官だと信頼されるが、その信頼はその個人が生み出したものではなく、服によって生じる機能である。我々は何かの役割を演じる。ぼく自身も、ときには「教員」としての役割を果たす。その際は、生身の自分自身ではできなかったような「力」を得る。

　大したことのない例だが、生身の自分だと一人でコピーをとらなくてはいけなくても、教員として授業に必要なら事務の人がそれをやってくれる。事務の人がそのように動いてくれるのはぼくに対する好意ではなく、職業上のぼくの「役割」に付随するものだ。あるいは、たとえばぼくが国土交通省の担当者だったら、「ここに道路を引こう」と決めたら、多くの人を動かしてそこに道路を建設することができるかもしれない。そのような「権限」は、生身のその人にあるのではなく、社会的な役割によって生じる。社会人になるとは、このような立場になることであり、生身の身体ではなく作られた人工的な存在になることであり、そのような者としての自覚と責任のある振る舞いを演じざるを得なくなることである。ぼくはときどき、これはロボットを操縦するのと似ているな、と感じるときがある。直接的ではなく、間接的に何かをする際の、実感や手応えのなさも含めて。

　戦隊モノや『仮面ライダー』における「変身」も、ある種の役割演技や役割期待のメタファーでもあろう。筆者も、批評家として何かモノを言うときは、これまでの歴史的に存在していた批評家たちの系譜を思い出し、批評家に「変身」して書いている。ときどき、素のモードに戻った自分が読んで、「なんでこんな強い調子でこんな危険なことを断言したり批判しているのか」と冷や汗をかくときがあるが、「批評家」という仮面を付けて、変身しているときには、多分違う人格になっているのだろう。「変身」していないときばかりを見ている妻は、「なんでこんなゴロゴロしてばっかりいるやつが国際シンポジウムに呼ばれるのか」と訝《いぶか》っているが。

ロボットアニメにおけるロボットや、『仮面ライダー』における変身は、そのような「社会化」の仕組みを分かりやすく伝えるための装置だと言ってもいい。これらは思春期やその前後の少年少女たちに必要な物語なのだ（ついでに言えば、魔法少女モノは、化粧やファッションなどによる、美や魅力の持つ社会的な力の寓話だ）。

『エヴァンゲリオン』も当然このことを踏まえているだろう。シンジが「ロボットに乗る」ことを拒むという設定になっているのは、まさしく「オタクの実存」の葛藤を描くために必要なことである。ロボットに乗ることは、社会化されること、外部や他者に立ち向かうことの象徴だが、それに挫折するのがシンジなのである。

「拘束具」を脱ぐ

ＴＶ版は、前半と後半で転調する。前半では、オタク作品にありがちな、ロボットと美少女などのお約束をちりばめた楽しい内容を、後半は、耳の痛いことを伝える内容を。

宮崎哲弥はこれを「インヴォルメント戦略」だと言っている。つまり、嫌なこと、辛いこと、聞きたくないことを後半で提示するために、作品世界に引き込むための段取りを前半で展開したのだと推測している。「庵野監督をはじめとする作者たちがどこからキレようかずっと狙っていたような気もする。キレることは決まっているんだけれど、どこから話全体を収斂させてしまうのかは、成行きで」（『ぼくの命を救ってくれなかったエヴァへ』p161）。筆者もこれと同意見である。

『エヴァ』が王道の成長物語を完全に辞めるのは第一九話「男の戦い」以降で、そこからはいわゆるオタクの感性への嫌がらせのような内容が展開される。具体的には、ロボットやキャラクターが清潔な存在ではなく生々しい存在だと描いたり、人形ではなく重いトラウマを負っていると描くことなどがそうだ。

たとえば、二〇話では、保護者然としたアニメキャラだったミサトが、元恋人の加持リョウジとセックスをしているシーンが一分弱続く。二二話では、強気で勝気だったアスカは、目の前での母親の自殺のトラウマでそうなっているらしいと知る。二三話では、綾波レイがクローンであったと知らされ、その破壊を見せられる。人間ではなく記号のような存在だと思っていたキャラクターたちが、急に生々しい存在になり、無邪気に萌えたり消費していたことを反省させられるだけでなく、綾波に至ってはキャラクターというものがコピーされて増殖していく商品であることまでが隠喩的に露呈される。

ヒロインである綾波レイは母親のクローンであった。オタクが好きなヒロインは、性格が母親で見た目が一四歳の美少女だという説がある。批判や拒絶はせず、肯定して甲斐甲斐しく世話をしてくれるが、肉体は若い、という造形を意味する。綾波はまさにそれを体現するキャラクターであり、ここにも母性回帰願望に対する皮肉があり、キャラクターという、現実の他者の異質性や生々しさを除去した理想の存在に耽溺したがるアニメファンたちへの批評が込められているのだ。

第一九話で、エヴァ初号機が「拘束具」を外すのは、このような作品の転調のサインである。エヴァが幾何学的で制御可能な人工物である「ロボット」ではなく、生々しい生物であることが判明するのだ。

ロボットの装甲に見えていたものは、生物の「拘束具」だった。科学者でエヴァの開発責任者、赤木リツコは「やはり目覚めたのね、彼女が」「あれは装甲板ではないの。エヴァ本来の力を私たちが押え込むための拘束具なのよ。その呪縛が今、自らの力で解かれていく。私たちには、もうエヴァを止めることはできないわ」と言う。

「拘束具」を外して暴走するエヴァ初号機は使徒を生々しく食っているが、これは肉体や生々しさを嫌い、清潔な世界を求めるオタクたちへの感性レベルでの叛逆《はんぎゃく》であろう。

平日の夜六時半から放送するアニメとして「相応《ふさわ》しい」内容にするためと、観客を引き込むために行っていた抑制こそが、「拘束具」のメタファーだ。庵野は、セックスのシーンで、局から怒られたと語っている。しかし、それでもまだ強気で攻め続けた。二一話、二二話、二三話、二四話と畳みかけるように「生々しい」世界を突きつけ、これまで提示されてきたアニメ的なお約束に慣れた感性に違和を与え続ける内容が連発される。この「転調」の戦略は、視聴者を引き込むためのみならず、テレビ局やスポンサーを騙し打ちにするための戦略でもあるだろう。前半で油断させて、放送が始まった以上、後半もダメ出ししたりストップを掛けることができない状況を作ったのではないか。

冷戦下の平和

第一七話での予告はその後の「転調」を強調している。「人々は明日の惨劇も知らず、最後の日常を謳歌していた。その日、すべての光景は子どもたちの悲劇へと収斂《しゅうれん》する。馴《な》れ合いが偽造していた穏やかな時が去り、ミサトの心は、シンジの絶叫で満たされる」。この「馴れ合いが偽造していた」世界を破壊するのが、一八話以降の展開である。

第一七話で、ネルフ副司令官の冬月コウゾウが電車の窓外を眺めながら、「街。人の作り出したパラダイスだな」と言うと、ゲンドウは「もっとも弱い生物が、弱さゆえ手に入れた知恵で作り出した自分たちの楽園だよ」と受け、さらに二人の会話は続く。「自分を死の恐怖から守るため、自分の快楽を満足させるために自分たちで作ったパラダイスか。

この街がまさにそうだな。自分たちを守る、武装された街だ」「敵だらけの外界から逃げ込んでいる臆病者の街さ」。

第3新東京市はこのように、「人の作り出した」「快楽を満足させるため」「外界から逃げ込む臆病者」の街として設定されている。これはアニメの世界のメタファーであることは、明らかであろう。そしてそれだけでなく、戦後日本の「平和で豊かな」高度消費社会の寓話でもある。

ここで「偽造」と呼ばれている世界のニセモノ感を考えるために、三つの点を押さえておく必要がある。一つ目は冷戦、二つ目は科学技術立国化、三つ目は身体の忌避である。それは、庵野に影響を与えた八〇年代、九〇年代のアニメの系譜が問題にし続けてきたことであった。

庵野秀明が原画に参加した石黒昇監督『メガゾーン23』（一九八五）では、その作品舞台は一見、平和で豊かな高度消費社会の東京だが、実はそれは巨大宇宙船の中に作られた世界であり、その外では戦争が続いているという設定になっていた。アイドルなど享楽的な文化に興じている東京の人々は、洗脳されていて、ウソの現実を現実と思いこみ、外で起きている戦争などの現実を見ていないという皮肉である。これは、ウォシャウスキー兄弟『マトリックス』（一九九九）などに大きな影響を与えた設定だ。

八〇年代の「平和で豊かな社会」は、虚構のようだったと言われることが多い。ブランド消費や広告、金融などの非実体的な産業が、農業や工業などのような物質的な手応えのある産業よりも影響力を増してきたことにもよるし、空前の好景気により社会問題や政治問題から目を逸らすことができていたからでもある。

国際政治的には冷戦下であり、地政学的には日本は大変リスクのある場所に位置しているのだが、一般に暮らしている人々にはそれはあまり意識されなくて済んだ。『メガゾーン23』には、そのような八〇年代、ポストモダンの日本における「偽物」感覚に批判を行うという側面がある。アニメという、人工的で作り物の虚構世界を生み出せる表現メディアでそれをやったからこそ、『メガゾーン23』は見事な効果を挙げた。一九九三年に公開された押井守監督『機動警察パトレイバー2 the Movie』も、その主題を共有している。

このような八〇年代日本アニメの「冷戦」の系譜を『新世紀エヴァンゲリオン』は引き受けている。まるで、そのように外部で起きていることから目を閉ざして生きるような「平和で豊かな時代」こそが、オタクが生まれる原因であり、地政学的な条件に由来するリアルな恐怖を否認しなければいけないという条件こそが、オタク的なメンタリティの発生源であるとでも言うかのように。

科学技術立国の「ニセモノ」感

戦後日本が「ニセモノ」のように感じられるもう一つの理由は、第二次世界大戦の敗戦によって、戦前までの文化から切断され、科学技術立国として復興を遂げる中で、生活環境が急速に変化したからである。新しい価値観や環境に対して人は違和感を持ちやすく、どことなくしっくりこないという疎隔感、疎外感を覚えて、「ニセモノ」であると感じやすくなる。

庵野秀明が、宮崎駿監督の『風の谷のナウシカ』（一九八四）の原画に採用され、巨神兵を描いたエピソードは良く知られている。『風の谷のナウシカ』は、冒頭で、崩れ去った高層ビルのような造形物を描き、科学文明と自然の関係を主題にしたSF作品だが、それは寓話であり、八〇年代における高度成長を遂げた科学技術立国である日本が本当にこれでいいのかという問いが投げかけられていた。

腐海が蔓延《はびこ》るこの未来は、むしろ科学や技術や人間の力よりも「自然」の力こそが強いのだと訴えかけるかのような内容であり、それは「虚構」「人工」感覚になっていく八〇年代当時の日本社会に対する強烈な異議申し立てだっただろう。『となりのトトロ』や『もののけ姫』『千と千尋の神隠し』などでは、かつてあった自然とアニミズムとの関係を取り戻すべきだというメッセージ性にまで至っているが、それも戦後日本の科学技術立国化の中で多くの人が感じていた違和感と関連が深い。だからこそ宮崎は「国民作家」になったのだろう。

一九八八年に公開された大友克洋監督の『AKIRA』もまた、高度消費社会の東京を誇張したネオ東京を破壊したいという衝動が漲《みなぎ》っている作品だった。暴走族たちを主人公に、デモ隊やレジスタンスや土俗的な宗教が活躍し、最後には超能力で巨大化した肉の怪物が暴走してネオ東京が吹き飛ぶ。

これらは、アニメという人工的な装置を通じて、身体や生命などを突きつけ、それを通じて、隠喩的に、「虚構」「人工」的な閉塞に向かっていく日本社会の文化的・感性的な傾向を吹き飛ばし、外に向かって拓《ひら》かせることを志向していたと言っていいだろう。「ジャパニメーション」として有名になり、国際的な評価が高い作品がこの時期にこのような主題を描いた作品に集中していることは、おそらく偶然ではない。そして、『エヴァ』はそれを継いでいるのだ。

身体と肉体の忌避

『エヴァ』が第一八話以降に破壊しようとした三つ目は、身体の忌避である。エヴァが拘束具を破った後に「生物」であることを露呈させ、生々しく使徒を食うことと、これは深い関係がある。

アニメーションは、清潔で制御可能な空間であり、キャラクターは生物の側面や他者の面倒くささを脱臭した理想的な存在である。それを、敢えて生々しく描く意図が、「転調」後の『エヴァ』にはある。

これを理解する補助線として、演劇評論家・鴻英良の「九〇年代演劇における肉体の表象」を参照しよう。八〇年代には演劇においても「肉体」が忌避され、「虚構」のような世界観が蔓延していたと鴻は言う。

「身体は、なによりも、人工的なものとしてそこにあるべきだった。自然の生理は超越されなければならなかった。／このような感覚は、おそらく、われわれがハイパーリアルな空間を生きはじめているという確信に支えられていた。そして、そうした理念を提示していた思想家たちは、ハイパーリアルな世界に入りつつあるわれわれにとって、肉体はむしろ無用のものになりつつあると語っていた。血や肉や暴力の祭典となりがちな演劇のような表象の形式は、そのような思想家によって死を宣告された」（『身体の未来』p163-164）

「われわれはスクリーンの前で、操作ボタンを手にしながら、ひたすらネットワークとのインターフェースに身をすりへらすことを願った。われわれはネットワークの端末機になろうとしていた。こうして不透明な空間も距離も消滅していき、闇に満たされた不均質な演劇空間や、そのなかにうごめく曖昧な身体は、われわれの関心の外へと追いやられていった。〝肉体の演劇〟ともいうべき〝アングラ〟は、そのようにして、辺境に追いやられた。闇などの存在しえようもない透明性のなかで、〝アングラ〟の居場所がどこにあるというのか。だれもがそう感じていた」（同 p165）

現実や身体の生々しさが忌避され、抽象的で清潔で、パソコンやテレビの画面のような世界を求める感性が支配的になり、現実空間や社会をも満たしていった。身体や生々しさは、なかったことにされ、抑圧された。しかし、フロイトが言うには、抑圧されたものは必ず回帰する。ＴＶ版後半は、そのような「回帰」そのものである。

第一九話以降、「拘束具を外した」物語が血と暴力に満ちた展開の意味は明白だろう。そこにアングラ演劇が意識されていたことも事実だろう。『月刊ニュータイプ』一九九六年六月号における『エヴァ』映画化決定記念の特別インタビューで庵野は、アングラ演劇で有名な寺山修司の映画作品の名前を挙げている。「確かなものが何もないんですよ、アニメファンって自分の中に。だからアニメに救いを求めたりする。寺山修司の『書を捨てよ、町へ出よう』という言葉じゃないけれど、町へ出ていろいろな人に接触しないと」。

寺山などによる六〇年代～七〇年代前半のアングラ演劇とは、身体や土着性などの生々しいものを戦後日本の都市生活の中に復権させようとする運動という側面があった。その意味で、第一八話以降の『エヴァ』は、アングラ演劇的である（実際、『ＥＯＥ』以降に庵野は演劇を多く観ている）。

議論を先取りすれば、同じ寺山の『田園に死す』（一九七四）は庵野に影響を与えただろう。自身の歌集をもとに寺山自ら監督・脚本を務めたこの映画は映画監督を主人公にしており、観客の観ている映画自体が、この男の作っている映画だという構造である。そしてエンディングでは、作り物のセットの壁が崩れ、そこが現代の新宿の雑踏の中であるという衝撃の展開になる。これは『ＥＯＥ』や『式日』の内容にかなり近い。

「通の眼」で見る

『エヴァ』のメタアニメ性は、オタク批評であり、戦後日本社会のニセモノ感の表現であるだけでなく、作り手たち自身の寓意的な表現でもある。

『月刊ニュータイプ』一九九六年六月号で、庵野はこう言っている。

「『エヴァ』の世界って人口が半分になっているけれど、あれは置き換え論で、実際に人間が半分になっている世界というのはアニメーション界のことなんです。アニメ業界もアニメファンにしてもそうだけれど、昔は勢いがあったのに、人数がドッと減ってしまって、細々となっている閉塞《へいそく》された世界っていうのは、アニメだと思います」

『エヴァ』世界は、「アニメーション界」でもあるわけだ。

　軍隊というよりは素人集団的なネルフは、作り手であるガイナックスではないかと読まれることもある。同インタビューの地の文の書き手・井上伸一郎（当時『月刊少年エース』編集長）は、このような解釈を庵野にぶつけている。「そういえば、庵野監督は2、3年前、こんなたとえ話をしたことがあった。『ガンダム』の世界は富野由悠季という監督の心象風景で、スペースコロニーという閉ざされた世界（アニメ会社）にいる人々を解放しようとドン・キホーテのように奔走するシャアは、富野監督自身の置き換え論だ、と。それなら『エヴァ』は、閉塞した現状を打破できないプロの軍人がいる世界に対し、素人集団ネルフ＝庵野監督を中心とするガイナックスが挑む話…というように置き換えて見るとおもしろい」。庵野はこの読みに対して「そうすかネ」と否定も肯定もしていないが、庵野が『ガンダム』をそう読む視点を持っていたということは、『エヴァ』をそう読解する一つの根拠となるだろう。

　ガイナックス設立者の一人である岡田斗司夫は、一九九六年に刊行された『オタク学入門』で、オタクの「3つの眼」を強調した。「粋《いき》の眼」「匠《たくみ》の眼」「通《つう》の眼」である。そのうち、「通の眼」がこの見方と関連する。「通の眼」とは、「作品の中にかいま見える、作者の事情や作品のディテールを見抜く目だ。作品内にスタッフたちの情熱や葛藤といったドラマを見いだす視点」（p127-128）である。『エヴァ』放送時点で岡田はガイナックスを退社しているが、ガイナックスの元メンバーがこのようなオタク観を持っていることは、『新世紀エヴァンゲリオン』の作り手たちも程度の差こそあれそれを共有しており、それを予期して色々なことを仕組むような作り方をしていることを強く推測させる（あるいは庵野たちこそが岡田のオタク観に影響を与えた可能性も大だろう）。

もちろん、このような「通の眼」は、同じようなコンテンツを消費している者たちの閉じられた解釈共同体による自己満足を招きかねない。解釈コードを共有しているものだけがそれを見抜け、そうでないものは野暮と馬鹿にされるようなスノビズムの空間に近づくし、表現と本心をズラすイロニー（アイロニーとも。後述）は、それを「分かる者」たちに誤った特権意識とエリート意識を生み出しやすいし、裏事情を知っている人間や作り手たちを超越化させることになりやすい（岡田がその後、オタク業界裏事情を語る芸風に移行していったこととも、これは関係しているだろう）。

その観点からすれば、「拘束具」を破ってエヴァ初号機が覚醒した際に、ネルフとゼーレの二重スパイである加持が「初号機の覚醒と開放。ゼーレが黙っちゃいませんな。これもシナリオの内ですか？　碇指令」と呟《つぶや》き、ゲンドウと冬月が「始まったな」「ああ、全てはこれからだ」と会話するシーンも、作り手たちの状況の反映だと読みたくなる。「シナリオ」と「結末」を巡って争う、ネルフとゼーレという二つの組織は、現場の作り手たちと、製作委員会や放送局などのメタファーとも読めるのだ。

庵野秀明と太宰治

『エヴァ』は、庵野秀明の「私小説」と解釈されることが多い。実際、そのように読んでもいい部分は多数ある。とはいえ、やはり集団創作のエンターテインメントである限り、そうとばかりも言えない。『月刊ニュータイプ』一九九五年一月号「クリエーター対談」で、貞本義行を相手に庵野はこう言っている。「モノづくりの理由にはごく、個人的なものが常にあります。それ以上は今、ここで語る必要はないでしょう。ただ、TVアニメである以上、それは商品なのでマスターベーション的なモノにならないよう気をつけていきたい、とは考えています。ビジネスというものもある程度は考えていかないと」。個人的ではあるが、マスターベーションにはしないようにしている。つまり、何をどう見せるかをある程度はコントロールしているのだ。

これは当たり前の話で、人はどのように自己開示し演出するのかを選ぶことができる。ナマの自分自身が直接的に表出されることは稀で、常に作為などで粉飾された状態にある。『エヴァ』のロボットはそのような社会性のメタファーでもあるが、「シンクロ率400

％」や「人類補完計画」的な、自他が直接に繋がる状態は現実では決して実現しないのだ。実現しないが、人はそれを求めてしまう。直接的に繋がっていると感じたい。作家は、それに応える。「本心を語っている」と感じさせることも演出であり、作為の効果である。たとえば、太宰治はそのような技術の達人だった。読み手が「これは自分のことだ！」と感じる作品を作るのがとても上手かった。

太宰が自身の書く小説について言及し、否定していく「道化の華」という作品がある。そこでは、「僕はなぜ小説を書くのだろう。新進作家としての栄光がほしいのか。もしくは金がほしいのか。芝居気を抜きにして答えろ。どっちもほしいと。ほしくてならぬと。ああ、僕はまだしらじらしい嘘を吐いている。このような嘘には、ひとはうっかりひっかかる。嘘のうちでも卑劣な嘘だ」と言っている。これは、自分が小説を書く動機は「栄光」や「金」だと言うと「本音」のように読者が思いやすいので、それを敢えて書くという作為の嘘をついたことの告白である。

太宰はこの作品を、女性と心中をして自分だけが助かった後に、それをモデルにして書いている。書いているが、その文章の中に「本当のこと」が書けないということを繰り返し言っている。その技法により、文章に書かれていない「本当のこと」の存在を読者は感じ、言葉では伝えられない真の想いを想像するという効果が生じる。距離こそが、直接性への欲望を生み出すのだ。その結果、太宰治という書き手に読者は誘惑され、書き手が超越化する。本心を所有しているのは彼だけだからだ。

庵野はこの太宰を意識している。『パラノ・エヴァンゲリオン』（一九九七）でTV版『エヴァ』副監督の鶴巻和哉は「（庵野は）自分のことを、俺は太宰治だみたいなことを、まだ言うんだけど（笑）」（p152）と証言を残している。だから、庵野秀明を、「オタクの太宰治」と呼んでもいいぐらいである。

ファンは「庵野は〜」とすぐに語ってしまう。だが、それもまた技法による効果であるという醒めた目線もまた提示しておく必要がある。「シンジくんは僕だ！」と思いつつ、「それはそう感じさせる技術の効果である」と認識しておく見方をした方が、作品理解は豊かになる。

そうなると、本当は、作者がインタビューで言うことなども、作為や演出があると考えるべきで、本人の本音と直結して考えることはできないのだ。本書で「庵野秀明は」などと書いているときも、実際には庵野秀明名義で残されている発言から「庵野秀明」という主体を再構成しているのであり、これは原理的に当人そのものではない（とはいえ、作品と比較して庵野のインタビューや対談での発言は、驚くほど率直でストレートな印象を受ける）。

さて、文字通りに書いてあることと、本心を違うものにすることを、文学用語で「イロニー」と言う。「お前はバカか」と言う言葉も、言い方次第で、親愛の情の表現にも、相手が愚かであると批難する意味にもなる。このような意味の二重化、多重化が、イロニーである。

それは前述したように、「分かる者」と「分からない者」を分断するスノビズムを発生させる。『新世紀エヴァンゲリオン』における「人類補完計画」も、このようなメタフィクションのメカニズムも、ロマンティッシュ・イロニーの構造に近い。この「分かっている」者たちが超越化していく空間は、閉塞しており、外部がない状態に陥りやすい。後述する庵野秀明の「閉塞」批判と、外部と現実への希求の背景には、このようなイロニーとスノビズムの閉鎖空間への危機意識が存在していたと解釈することもできるだろう。

「境界例的」な作家の系譜

精神科医の斎藤環は「エヴァンゲリオン――空虚からの同一化――」(一九九七)で、『エヴァ』は「境界例」的な作品だと言っている。「『境界例』は『ボーダーライン』『境界性人格障害』などとも呼ばれ(中略)不安定な気分と対人関係、手首自傷などの激しい『行動化』が特徴で、いつも自分の空っぽさに悩まされている。だから孤独に耐えられず、他人との関わりを求めるあまり、はた迷惑な行動に走る。そのつもりがないのに周囲を挑発せずにはいられない。またそれが本人の魅力でもあるため、まわりの人たちも容易に巻き込まれる」「『境界例』作家の系譜には、太宰治、筒井康隆、内田春菊、島田雅彦、柳美里などがいる。もちろんこれらの作家本人が『境界例』と診断されるわけではない。彼らは作家と作品、あるいは作家と読者の関係性において『境界例』的なのだ。それはまずその作品の飛び抜けた面白さ（＝誘惑の技術）や、サービスとも挑発ともとれるパフォーマンス（＝行動化）において明らかになる」。

「本当のこと」が何なのか、本心を宙吊りにし、観客を惹きつけて振り回す。『エヴァ』が結末をオープンにして観客を安定させない作りにしていることは、確かに「境界例」的である。観客はこれに振り回される快楽を味わっているとも言えるだろう。

このように「本当のこと」が何なのか分からず、安定したストーリーラインや秩序に安住できないまま基盤や足元を切り崩されていく感覚は、日本列島における「自然」の在り方ともよく似ている。それは、破壊的なものなのか、慈悲深いものなのか、結局のところ本心が分からないものなのだ。

2『新世紀エヴァンゲリオン劇場版　Air／まごころを、君に』

『シト新生』と幻の劇場版

ＴＶ版が終了して間もなく、ビデオ・ＬＤでは二五話・二六話を全面的にリメイクして発売されることが告知され、ＴＶ版やビデオ版とは異なる完全新作の映画化も決定した。

劇場版は一九九七年夏に公開の予定だったが、さらに同年春には、新作カットを加えた二四話までの総集編「DEATH」と、二五話・二六話をリメイクした完結編「REBIRTH」との二部構成から成る『新世紀エヴァンゲリオン劇場版 シト新生』を公開することが発表された（これは、ＴＶシリーズが打ち切りで終わってしまった『伝説巨人イデオン』が、総集編の「接触篇」と新作の完結編「発動篇」の同時公開で映画化されたことが想起される）。

ところが春の映画の制作が間に合わず、公開一か月前になって緊急記者会見が開かれる。その場で、庵野総監督の謝罪とともに、春には製作途上の「REBIRTH」を公開し、その完全版は夏に公開することが発表された。

社会的な『エヴァ』ブームの真っただ中、一九九七年三月一五日に『新世紀エヴァンゲリオン劇場版 シト新生』が公開。一八・七億円の興行収入を記録している。これを観に行ったときの記憶は未だに強く残っており、「DEATH」編では断片的な映像が繰り出され、同じキャラクターの同じ動画の同じセリフを違う声優が話して繰り返すシーンなど、意味不明で前衛的な内容に唖然としたものだ。「REBIRTH」編は完全新作の第二五話の佳境でいきなり終わりを迎え、非常にフラストレーションの残る作品だった。

同年七月一九日には『新世紀エヴァンゲリオン劇場版　Air／まごころを、君に』（以下『EOE』）が公開され、二四・七億円の興行収入となった。本作はTV版とは全く新しく作り直された第二五話「Air」と第二六話「まごころを、君に」の二部構成である（話数の正式な表記は、TV版の「第弐拾伍話」「最終話」に対して、「第25話」「第26話」）。

なお、結局「完全新作」の映画は幻に終わってしまったが、これは『超時空要塞マクロス』の劇場版のように、TV版とは異なる世界観で描かれた、一本の独立した『エヴァンゲリオン』になる予定だったという。

二〇一四年、映画情報サイト「シネマトゥデイ」配信の「庵野秀明『エヴァ』幻の劇場版企画『進撃の巨人』そっくりだった」（第二七回東京国際映画祭関連記事、二〇一四年一〇月二八日）によれば、映画祭のトークショーで庵野は、プロットだけは書き上げていたという完全新作の映画について、こう語っている。「人類はほとんど滅びて、こもっているんですよ。そこに橋が1本あって、その橋でしか外に出られない。そこの壁はATフィールドに守られている。そこから外に出ると使徒が来るというもの」「人間にとって一番怖いのは何かといえば、食われることですから。そしてその使徒に対抗するのはエヴァだけなんです。それもエントリープラグではなく、直接、腹の中に子供を埋め込んで、毎回摘出手術をする。さらにそれにはタイムリミットがあって、早く帝王切開をしないと人ではなくなり使徒になってしまう」。

キャラクターからの拒絶

『EOE』も、基本的にはTV版と同じように、「オタクの実存」の物語であり、虚構に没入することなく、現実に目覚めろという内容になっている。

冒頭でいきなり、シンジが半裸のアスカを見てマスターベーションをし、手のひらに射精した精液を見ながら「最低だ、俺って」と呟《つぶや》く。アニメの美少女でマスターベーションをする「萌えオタク」に衝撃を与える生々しい冒頭である。

前半二五話は、人類補完計画を行おうとするネルフ本部を戦略自衛隊が急襲し、大殺戮《だいさつりく》を行うアクションである。その後、復活したアスカとエヴァ弐号機が活躍する。アニメーションと活劇の魅力を存分に満足できるのが前半であり、映画後半の二六話は転調する。

シンジは相変わらず、エヴァには乗ろうとしない。心を閉ざした彼は、周囲でたくさんの死人が出て、自分に命の危険があるにもかかわらず、それに対処しようとしないで、何もしないまま死のうとしている。ミサトが撃たれながら彼を庇《かば》い、「シンジ君。ここから先はもうあなた一人よ。全て一人で決めなさい。誰の助けもなく」と言っても、シンジはこのようにしか答えられない。

「僕はダメだ。ダメなんですよ。人を傷付けてまで、殺してまでエヴァに乗るなんて、そんな資格ないんだ。僕は、エヴァは乗るしかないと思ってた。でもそんなの誤魔化しだ。何も分かってない僕にはエヴァに乗る価値はない。僕には人のためにできることなんて何もないんだ。（中略）僕には人を傷付けることしかできないんだ。だったら何もしない方がいい」

　エヴァ初号機が自発的に動き、シンジはしぶしぶコクピットに乗り込んで出撃する。そして、大破し臓物を撒き散らした弐号機を目にしてしまい、彼は叫ぶ。その後、彼を中心とした「人類補完計画」が始まり、巨大な綾波が現れる。そして、シンジの望んだとおりに世界が変わるようになる。母であるユイが「何を望むの」と訊くと、シンジの内面世界に入っていく。

　内面世界では、幼いシンジが砂場で遊んで、ネルフ本部に似たピラミッドを作っている。作っているうちに周りから人がいなくなり、怒ったシンジはそれを蹴って破壊する。その後、泣きながら作り直す。TV版の結末でファンが喜ぶ作品をぶち壊しにした挙句、作り直しをさせられている庵野秀明自身の心情と重なるような隠喩《いんゆ》があるだろう。そして、映画は壊れていく（ように見せかける）。

「何も分かってないくせに、私のそばに来ないで」とアスカは言う。以下、アスカとのやりとりが続く。「あんた私のこと分かってるつもりなの？　救ってやれると思ってるの？　それこそ傲慢な思い上がりよ！　分かるはずないわ！」「バーカ、知ってんのよ、アンタが私をオカズにしてること。いつもみたくやってみなさいよ。ここで見ててあげるから」。

シンジは「このままじゃ怖いんだ。いつまた僕がいらなくなるのかもしれないんだ。ザワザワするんだ、落ち着かないんだ、声を聞かせてよ、僕の相手をしてよ、僕にかまってよ」と叫ぶ。彼はアスカに絡んでいくが、アスカは「あんた、誰でもいいんでしょ。ミサトもファーストも怖いから、お父さんもお母さんも怖いから。私に逃げてるだけじゃないの。それが一番楽で傷付かないもの。ホントに他人を好きになったことないのよ！　自分しかここにいないのよ。その自分も好きだって感じたことないのよ！」と。

これは、キャラクターに逃避するオタクたちへの批判だろう。

シンジは「助けて」「一人にしないで」「僕を見捨てないで」と叫ぶが、アスカはそれを見下ろし、「イヤ」と呟く。キャラクターからすらも拒絶が行われたのだ。そしてシンジは、アスカの首を締めて、殺害しようとする。

　以下、シンジとレイのやりとりが続く。

「誰も分かってくれないいんだ」「何も分かっていなかったのね」「嫌な事は何もない、裏切りのない世界だと思っていたのに」「他人も自分と同じだと、一人で思い込んでいたのね」「裏切ったな、僕の気持ちを裏切ったんだ」「はじめから自分の勘違い。勝手な思い込みにすぎないのに」

「みんな僕がいらないいんだ。だから、みんな死んじゃえ」とシンジが言うと、レイが「では、その手は何のためにあるの？」と問う。「僕がいても、いなくても、誰も同じなんだ。何も変わらない。だからみんな死んじゃえ」「むしろいないほうがいいんだ。だから僕も死んじゃえ」とシンジは言う。

　その後、画面は激しく明滅し、女性キャラクターたちからの罵りの言葉が延々と続く。「嫌い。誰があんたなんかと」「ばっかみたい」「勘違いしないで」「私の人生に何の関係もないわ」「もう、あっち行ってて」「もう電話してこないで下さい」「一番嫌いなタイプ」などなど。キャラクターたちから、現実にあるかもしれないこのようなトラウマを抉《えぐ》られた人たちはどのような気分になっただろうか。

夢と現実

画面は突然、実写になる。「ねえ、夢って何かな」とシンジが問うと、画面は実写の劇場になって、『シト新生』を観に来ていた観客たちの姿が映る。

現実の景色の中に、キャラクターのコスプレをした声優たちがいて、異様に浮いて見える。「分からない。現実がよく分からないんだ」とシンジが言うと「他人の現実と自分の真実との溝が、正確に把握できないのね」とレイが答える。「幸せがどこにあるのか、分からないんだ」とシンジが言うと「夢の中にしか、幸せを見いだせないのね」とレイが答える。

「都合のいい、作り事で現実の復讐をしていたのね」「虚構に逃げて、真実をごまかしていたのね」とレイは言い、「僕一人の夢を見ちゃいけないのか？」とシンジが反論すると、「それは夢じゃない。ただの現実の埋め合わせよ」とレイが答える。

ざわざわする劇場の映像。彼らの中には不満そうな者もいる。観客自身の現実の姿を、鏡のように突きつけようとする意図が分かる。

「僕の現実はどこ？」とシンジが訊ねると、レイは「それは、夢の終わりよ」と答える。

その瞬間、「庵野、殺す!!!」「スタジオに火をつけに行ってやるから」「カミサマ気取りのセンズリ野郎」「カルト教団」などのパソコン通信での書き込み、ガイナックス社屋への

「天誅」「死」「碇レイプマン」「うんこ」「SEX」などの落書き、それから絶賛したりシンジにシンクロしたりしている人のファンレターなどが、一瞬で次々と現れる。「母」の象徴だった巨大綾波は首から血が出て死に、シンジは海から陸に上がる。世界の大半の人は死んでしまったが、シンジとアスカだけは残っている。新しい世界のアダムとイブになるのかと思いきや、シンジはまたしてもアスカの首を締めて殺そうとしてしまう。その頬をアスカが撫でて、和解するのかと思いきや、「気持ち悪い」と呟いて、『EOE』は終わる。エンドロールもなく、「終劇」と出て、突然終わる。劇場では上映中から幕が閉まり始めており、映画の世界、フィクションの世界という胎内から観客を追い出す演出が徹底されていた。

当時、劇場で茫然としたことを覚えている。周囲の観客たちも明らかに戸惑っていた。どのように受け取っていいのか分からなかったのだ。

だが、今となれば意図は明白だろう。「現実に戻れ」がそのメッセージなのだ。

教育的メッセージは直接的で、「現実は知らないところに、夢は現実の中に」「人の心が、自分自身の形を作り出しているからね」「そして、新たなイメージが、その人の心も形も変えていくわ。イメージが、想像する力が、自分たちの未来を、時の流れを作り出している もの」「ただヒトは、自分自身の意志で動かなければ、何も変わらない」「だから、見失った自分は、自分の力で取りもどすのよ」という言葉が、母親の胎内から帰還するシンジに向かって発せられている。これは観客に対するメッセージだと言ってもいいだろう。「まごころを、君に」というタイトルは、皮肉ではない。

ラディカリストとしての庵野秀明

しかし、どうしてこんなに「現実に帰れ」というメッセージを発しなければいけなかったのだろうか。ここには内在的な理由と、外在的な理由が複雑に絡み合って存在している。内在的な理由とは、庵野自身を含むオタクの問題であり、外在的な理由とは、阪神・淡路大震災と、オウム真理教の地下鉄サリン事件である。

先に、内在的な理由から触れていこう。

庵野は「閉塞」という言葉を使う。その「閉塞」とは、「外部」を見ないようにすることや、言葉を鵜呑《うの》みして隠喩や比喩を理解しないこと、決められた方法だけを繰り返し反復する態度を指しており、特にアニメファンや自作を見る人のその態度に苛立ちを見せる。

「パソ通やってる人間は頭が堅い人、多いです。自分の部屋で閉塞してやっているのに、全世界に広がっているイメージをもってしまう。でも、それって〝情報〟でしかないんですよ。検証する方法もない情報なのに、すべてをわかったような気になってしまう。その心地よさが落とし穴なんです。それに、情報に対する価値観までがマヒしてしまっていますね」「自分の発想がものすごく幼稚だと気づかないから、アニメファンがバカにされるんです。自分の部屋から出ないからですよ。安全なところにしかいない。／なぜ、僕にそれが言えるかというと、僕自身、何も自分の中にないことに気づいているからですよ。21年間ずっとアニメファンをやってきて、35歳になってようやく気づくんだから、僕もそうとうバカなんですけどね（笑）」（『月刊ニュータイプ』一九九六年六月号）

この発言は、『エヴァ』におけるオタク批判が、半分は自己批判であると考えうる一つの証拠になるだろう。三五歳の庵野が二一年間アニメファンだったということは、庵野がアニメファンになったのは一四歳のときであり、『エヴァ』はその当時の自分へのメッセージを発している作品だとも言える。

『EOE』の作中で引用してしまうほど、パソコン通信などでの批判は堪えたようである。庵野は第二五話の脚本に自信を持っていたという。貞本は次のように証言している。

「（ミサト役の三石琴乃は）脚本を見て、泣いたとか。庵野さんは、それ聞いて拳を上げて、ガッツ！（笑）」「僕のマンガの担当も泣いてて、その話をしたら、もう一度ガッツポーズ（笑）。勝ったと。世の中に二人ほど泣いてくれる人がいたから。でも終わってからいろいろ言われて、けっこうヘナヘナしてたよね。あのガッツはなんだったんだ（笑）」

この話の流れで佐藤裕紀（当時のガイナックス広報部部長）は、「それでそのあとの、パソコン通信のリアクションを遠目に見て（笑）。もう相手にしないとか言いながらも、それでもこうやって、横目でモニターを。『見ないんでしょう』って言ったら、『うん、見ない』。」と語っている（『パラノ・エヴァンゲリオン』p163-164）。

これが、TV版での「僕はここにいてもいいんだ！」＝アニメを好きでいい、オタクでいいという自己肯定的・受容的な態度を変化させた一因かもしれない。

後に庵野は、この当時の心境を想像させる内容を、妻である安野モヨコの漫画作品とその読者について語る中で告白している。「誤解等から云われなき誹謗中傷や心なき悪意でネットを通し、ぶつけてくる人たちもいた。妻はそういうものも自分の説明不足だと反省している。ネット特有の悪意がしみ込んだ言葉は、どこまでも他者を傷つけて行く。僕も経験しているが、自身と作品に対して真摯に真剣であればあるほど、傷は深い。作家が作品を世間に出す以上、何を言われてもいいと思う覚悟がなければならないとは感じる。勝手に潰れる方が悪いとの見方もあるが、憂さ晴らしや無自覚な悪意を無責任に垂れ流す方にも、非があるかと思う」（二〇二〇年刊行の『安野モヨコ　ANNORMAL』所収）。

アニメ業界が「変化を求めない人たちがそこに集まっている」（『宮崎駿と庵野秀明』p61）ことにも手厳しい。アニメが好きで、それを繰り返して作ろうとする人材ばかりであり、「メカと美少女さえ出せば、確実に受け」るので「同じものを延々と繰り返し」、経済として成り立つからこそ「クローズドな世界」であると言っている。「客の好みはわかっているから、確実にうまいと言ってもらえるものを出すのは、可能なんですよ。でも、『そういうもの』はおもしろくないです」（同 p62）。美味しいものを出すことはできる、それはTV版前半で証明されている。その後に、苦味のあるものや刺激物を提供する。それが彼のやろうとしていることだ。

感性も認識も変化せず、外部や現実に鈍感で、前例や慣習に沿ってただ反復すること。それこそが庵野が「閉塞」と考えるものだ。それは「つまらない」という庵野の内在的な感覚こそが前提としてある。なので、慣例を踏襲するのではない、新しいものを作ろうとする創造性こそが、内在的な理由である。

そのような意識が、彼と『新世紀エヴァンゲリオン』を外部に開き、設計図通りに作るのではなく、同時代に起きる様々な物事を取り込んだ「ライブ感」のある作品にしていったのだろう。閉塞を拒むという姿勢がまずありきで、それゆえに作り方レベルから変える必要があり、その結果、外部や現実に対する鋭敏なアンテナが研ぎ澄まされ、作品にライブのダイナミズムが宿ったということである。これが『新世紀エヴァンゲリオン』の奇跡であるが、それはそれを起こすべく準備された結果起こった奇跡であるようにも見える。

意志と態度こそが、それを引き起こしたのだ。

外部の現実で起こっていたこととは、阪神・淡路大震災やオウム真理教の地下鉄サリン事件などである。それらのショックを引き受け、アニメーションの根源にまで遡《さかのぼ》り、アニメーションは何をするもので、そもそもどういう機能を持つ装置なのか、何を使命とするべきなのかのレベルまで降りて考え直し内容に反映させたことが、『新世紀エヴァンゲリオン』の成功の要因である。

繰り返しになるが、決まりきった作り方の「システム」を拒み、主題を表現するために必要な体制や作り方レベルから模索していくことこそが庵野秀明の作品の特徴であり、それはこのような「閉塞」についての思想と完全に呼応している。庵野秀明は、言葉の真の意味で「ラディカル」（根底から考えて実行する）な作家なのだ。

阪神・淡路大震災とオウム真理教

一九九五年一月一七日に阪神・淡路大震災が起こり、三月二〇日にオウム真理教による地下鉄サリン事件が発生した。『新世紀エヴァンゲリオン』の放送開始が一〇月四日なので、作業のどの段階で事件が起こり、どの程度それが反映したのかははっきりと分からないが、その影響は薄いものではなかったことが推測される。

両者の影響を、庵野秀明は二〇〇〇年に、このように語っている。「まぁ、世界が不安定だって言うのは僕らの世代はノストラダムスの世代だから、ノストラダムスを信じるっていうか、なんか面白いことが起こるんじゃないかって思っていたんですね。でも実際に起こると、阪神・淡路大震災の最初のニュースの時には、テレビをつけたら大変なことになっていて、現実感なくてなんか虚構っぽかったんですけど、だんだん死者のカウントが時間がたつと増えてくるのがリアルな感じがして、『こんなに人が死んでるんだな』と思うと何も楽しめなくなった。サリン事件もそうでしたね。日本でこんなテロが！　と正直興奮したりしてたんですが、被害者の方がいるとダメですね。実際にこういうことが起きると、当たり前だけど、楽しめない。現実に人が死ぬのはやっぱやり切れん感じがしますね」（『庵野秀明のフタリシバイ』p207-208）。

庵野は、自分がテレビ世代だということを繰り返し語っている。戦後復興や、全共闘運動のような、人生を賭けるべきものは何もなく、テレビという「魔法の箱」が「疑似的な他者」と戯れるしかない「イチゴ世代」（テレビとの1・5人で過ごす）なのだと（『マジック・ランチャー』p43）。だから、引用してパロディで戯れるしかない感覚がある。その中では、「死」がリアリティを持たなくなっていく、そのことへの問題意識がある。「血も死体も見慣れていないから、そういうのにいちいち過敏に反応すると思うんだけど」（同p42-

45)。

　おそらく、阪神・淡路大震災や地下鉄サリン事件は、このようなテレビを原風景であり友人としてきた庵野秀明にもあった「パロディ」「戯れ」の感覚を揺さぶった。最初は、特撮やハリウッド映画みたいで興奮する部分もあっただろう。だがやがて、時間差で人の「死」という現実を知っていくと、その感覚を喪失していく。そして、「戯れ」ではダメで、現実や外部を見なければいけないという感覚を強くしたのではないかと推測される。それが、「作品の外に行け」という空間としての現実を指し示すことと、TV空間の中に死や暴力や生々しさを表現することで、平和で清潔になりすぎている視聴者たちの感性にショックを与えて揺さぶりを与える方向の二つの形をとって表現されていったのだ。

オウム真理教との類似性

『新世紀エヴァンゲリオン』とオウム真理教の類似は、大塚英志、竹熊健太郎らによって数多く論じられてきた。

　実際、オウム真理教ナンバーツーだった上祐史浩は、二〇一五年の大月隆寛との対談で、「(『エヴァ』を) 教団のほうで布教に利用したところはありましたよ。世界観が本当に似てるから」「『あいつらが悪いんだ』っていうのはちゃんとありましたから」「親子問題の要素もある、秘密結社もある、ハルマゲドンもある。しかも登場人物は全体的に病的な感じで」「『やっぱりオウムを真似したんじゃないかなあ』って思いがちなんですけど」（『宗教問題』二〇一五年夏号 p27）と言っている。

オウム真理教はロシアのラジオ局を使って日本に向けて、一九九二年に放送を開始した。その番組の名前は「エウアンゲリオン・テス・バシレイアス」と言った。自身もオウムに体験入団し様々な経験をしてきた編集者の大泉実成は、オウムと『エヴァ』の関係を庵野秀明に追及しているが、庵野秀明は「同時多発でしたね。（オウムのラジオ番組については）全然、僕は知らなかったです」（『スキゾ・エヴァンゲリオン』p9）と答えている。

当時、人によっては、『エヴァ』がオウムをモデルにしたか、悪くすればシンパなのではないかと疑う者もいたが、ここまで論じてきたような『エヴァ』の内容や、企画当初の狙いが証している通り、『新世紀エヴァンゲリオン』はオウムと同時代の空気や病を吸い込み、そこに危機意識を抱いており、それを批判し治癒を願う作品であったと言えるだろう。

現在では、オウム真理教は異常なテロリスト集団だと切断して理解されやすいが、明らかに同時代の日本文化の感覚の中で生まれた集団であり、オタクたちとも親和性が強かった。実際、庵野秀明は、映画監督の森達也と、元オウム真理教の広報・荒木浩との鼎談

「オウムとエヴァンゲリオン」で、「僕自身がものすごく子供っぽい人間」で「バランスの悪い人間」なので「僕もレールを間違えていたらオウムに入っているような気がするんです」「オウムの人たちに何となく共通項を感じる」(『森達也の夜の映画学校』p154) と述べている。

大塚英志はオウム真理教を「おたくの連合赤軍」と呼んでいる。オウムのメンバーは、コミュニケーションが苦手で、ナイーブで、食事やファッションやインテリアにあまり興味を持ちにくく、社会で生きにくい者たちが多く集まっていた(森達也監督の映画『A』『A2』参照)。彼らは布教のためにアニメを使ったり、幼児向け番組のような歌や踊りを駆使した。秋葉原にはパソコンショップも開店した。それは、オタクたちをターゲットにした布教であっただけではなく、彼ら自身の感性の反映でもあった。サリンを製造できたことから明らかなように、高学歴の理系の信者も多かった。さらには、『宇宙戦艦ヤマト』の影響を受け、教団に置いてある空気清浄機を「コスモクリーナー」と名づけていた。「救えオウム　ヤマトのように」という歌もあり、『宇宙戦艦ヤマト』というアニメと自分たちを重ねて使命感を抱かせる手法が使われてもいたのだ。

オウムは「ハルマゲドン」を起こし、日本政府を打倒し自身が新政府を打ち立てる気でいたが、ハルマゲドン幻想はりん・たろう監督『幻魔大戦』(一九八三) などのアニメで盛んに描かれていたものだった。『幻魔大戦』は、前世の宿命で結ばれた超能力戦士たちが世界を救うために戦う物語だが、オカルト雑誌『ムー』の一九八〇年代の投稿欄には、「前世は〇〇の戦士でした。仲間を探しています」のような投稿がたくさん送られてきた。「虚構と現実」の区別が付かなくなる人々は、それなりに社会の中にいたのだ。そして「空中浮遊」を信じていたり、「ホーリーネーム」で呼び合っていたオウムの信者たちは、そのようなアニメファンたちと極めて近いところにおり、部分的に重なり合っていたと言わざるを得ない。

生きにくさ、現実感覚や他者との関係性の希薄さ、生の意味や目的の喪失などの同時代の社会の共通現象を背景として、オウム真理教と『新世紀エヴァンゲリオン』には重なる部分が確かにある。陰謀論的な世界認識の構造や、宗教的な意匠をパロディやツギハギのようにして作られている点もそうである。宗教や聖性を社会が忌避し、復興や高度成長や革命などの目的も喪失した生が、無意識にそのような宗教性を求めて作り上げてしまったかのようなものとして、オウム真理教と、宗教的な意匠を扱うサブカルチャーやオタクカルチャーには似ている部分がある。

村上春樹は書き下ろしノンフィクション『アンダーグラウンド』（一九九七）で、オウム真理教を他者化・怪物化せず、自身に繋がっている問題として思考しようとした。オウムは「自分というシステム内に、あるいは自分を含むシステム内に、ある程度含まれているかもしれないものとして」（文庫版p741）、村上春樹には感じられたのだ。

ここで言われているのは、自分自身も加担し、促進したかもしれない八〇年代的なノリや感覚こそが、その凝縮した形態としてオウム真理教を生み、事件を起こしたのではないかという問いなのだ。村上春樹が直面したその問いを、（早くも地下鉄サリン事件が起こる前から）アニメというフィールドで受け止め、問い直し、表現として提示したのが庵野秀明であり、そのナマに近い表出こそが『新世紀エヴァンゲリオン』だったと言っていいのではないだろうか。

企画の段階ではっきりしていなかったそれは、製作中にオウムが地下鉄サリン事件を起こしたことによって、「ライブ感」として作品に影響しただろう。劇場版第二五話で、世界を滅ぼそうとしている秘密組織ネルフに戦略自衛隊が突入してくる場面は、オウムの教団施設への強制捜査を思い起こさせられたものである。TV版よりも『EOE』のオタク批判が苛烈になった背景に、この事件の影響が感じられてしまうのだ。

なぜ宗教を求めたのか

アニメが現実の逃げ場になることを、庵野は否定している。「このままだと極論してしまえば、宗教になる。オウム信者と、麻原彰晃と同じになる。ここでうまいことやれば、僕は多分、新興宗教の教祖になれる素質があったと思うんですけど、それがヤだったんですね」（『アニメージュ』一九九六年七月号）。

しかしそもそも、なぜアニメのファンたちやオウムの信者たちは、宗教を求めたのだろうか？　しかも、サブカルチャーの断片をツギハギしたコラージュのようなアニメや宗教に、生の意味を求めたのだろうか？

竹熊健太郎は、『私とハルマゲドン』（一九九五年一一月）の中で、「オタクが神秘主義やオカルトに惹かれることとは、別に不思議なことではない。それは非生産・非日常の極致であって、生産的な日常社会とまっこうから対立するものだからだ」（p28）と述べている。世の中の仕組みが「見えて」しまったインテリは知性を持て余すがゆえに屈折し、世の中と折り合いをつけることができなくなる。オタク趣味の「非日常・非生産・非常識」性は、つまらない日常への対抗であり、戦いだと彼は言う。だから、それに似たオウムが「駆け込み寺」になることに、竹熊は理解を示す。

大塚英志は、「『超越性』批判」（『ユリイカ』一九九六年八月号）で「過剰なまでの『断片』への執着であり、それによって発動してしまった不在の『全体性』への希求」（p132）が『エヴァ』にあると言っている。「全体性」とは、様々なものが部分に分割されていく傾向に対して、その全体像のようなものである。日々の生活を考えれば分かるが、我々は人類全体、国全体、社会全体の中で、ある小さな部分だけを占めて、小さな断片として仕事をしている。それがどのように機能しているのか、はっきりとは分からず、意味や意義や手応えを得られないときもある。たとえば「復興のため」「人類のため」などの意味付けがあれば、このような断片化にも耐えられるが、そのような「大きな物語」（集団で共有され、自身を意味付けてくれる理想や理念）を喪失していったのが七〇年代から八〇年代にかけての日本だった。

上野俊哉との対談で、庵野はこう言っている。「僕らの世代（60年代前半生まれ）の共通体験はテレビやマンガしかないと思うんですよ。それはしょうがないと思います。僕らより前には、全共闘や、お上に逆らってひどい目に遭って、4畳半に引っ込んでフォークを歌う世代というのがありましたよね。その前の世代には、圧倒的な共通体験として戦争と戦後があると思うんですよ。あの何もない焼け野原から、日本を復興させるんだという。そういうパワーって、スゴイですよね。だけど、僕らには〝魔法の箱〟の中にしか語るものがない。情けないんですけど、仕方ない。そこを認めたところから、スタートだと思うんですよ」（『月刊ニュータイプ』一九九六年一一月号）。

「大きな物語」がない。だから、アニメーションやサブカルチャー、フィギュアやカード集めなどの「断片」の快楽で生の意味を満たしていくしかない。これが、シラケ世代以降に生きるオタクの基本的な生き方である。だが、そのような断片だけで決して満たされることはない。恋愛やセックスが手に入らないからキャラクターと疑似恋愛や疑似性交をしても満たされないのと同じように、空虚さに耐えかねた主体は「全体性」「超越性」や「大きな物語」を求めてしまう。自身や世界に意味付けを与えてくれる装置を求めてしまう。それが「宗教」である。

複雑化し、間接化した世界では、自身が学んだり働いたりしていることの手応えもなかなか得られない。狩りに出なければ死ぬ、狩ればうまい肉が食える、家族や部族の人間も喜び喝采する、という世界とはもはや違うのだ。その間接性によって生じる飢餓感が「ロボット」と「シンクロ」という寓意で描かれており、人類補完計画がそれに応じるものだということも既に述べた。

シンジには、なぜ戦わなくてはいけないのか、なぜエヴァを操縦しなくてはいけないのか分からない。それは、なぜ勉強し、なぜ労働しなくてはいけないのか、その意味が教えられないままただ苦行を強いられている実存の状態に近い。だからより高次の意味付け装置を、全体の中での自身の意味の確定を、人は求めてしまう。

八〇年代の高度消費社会、バブルを経て、戦後の貧しい状態から復興に邁進してきた日本社会は、多分、意味や目的を見失い、それが何のためなのかが分からなくなったのだ。全体を意味付けする、宗教や哲学に相当するような「物語」の不在に耐えられなくなり、それを求める心理がオウム真理教や『エヴァンゲリオン』を求めさせたのではないか。

このような、「断片」を集めて、巨大な意図や物語を推測するという構造は、陰謀論にも近しい。現代は日本でも外国でも陰謀論が蔓延しているが、『エヴァ』を経験したぼくには、あの当時の『エヴァ』ファンがやっていたことを、今では普通の人が「現実」で「マジに」やってしまっているように感じられるのだ。

対人関係も苦手で、そうであるがゆえに人とのつながりの感覚も抱きにくく、女性にモテるわけでもないので性愛の満足も得にくい。人より多く勉強し、良い成績を上げてはいるが、それが何のためなのか分からないような生の空虚がある。であるがゆえに、映画や漫画や小説やゲームに耽溺《たんでき》するが、やがて虚しさを感じ、生きている意味が分からなくなる。理由の分からない孤独と不安に襲われる。

そのときに、自己の使命と、世界全体の意味を提供されたらどうなるだろうか？ その不全感の原因となる「敵」を名指しされたらどうなるだろうか？ かつて『エヴァ』にハマっていたときの自分なら飛びついてしまうような気がする。

現実に帰らなかった者たち

さて、『新世紀エヴァンゲリオン』および、『新世紀エヴァンゲリオン劇場版　Air／まごころを、君に』が「オタクの実存」を主題としたメタアニメであることは、十分に伝わっただろうと思う。どうしてオタクであることに葛藤があったのか、どうしてそれがオウムと結びついて考えられていたのか、どうして「現実に戻れ」という強いメッセージを発せざるを得なかったのかの必然性についても、ご理解いただけただろうと思われる。

実際のその後——サードインパクト後——の日本に生きるオタクの多くは、「現実に戻れ」というメッセージとは正反対に進んだ。ある意味で別の希望、別の革命を「信仰」したと言っていい。それは、現実や社会や他者や恋愛を拒絶して、脱社会的に生きるという新しいライフスタイルの実現を目指した革命である。筆者はそれを「ゼロ年代　未完のプロジェクト」と呼んでいる。現実には、そのような夢に賭けた多くの人々は敗北し、軟着陸できた人もいれば、陰惨なその後を迎えた者もいるだろう。それは、ゼロ年代に存在していた、革命へのロマン主義的な情熱の結果だとも言える。

キャラクター文化が発展し、「萌え」が流行語になり、インターネットが発展し、ひきこもりが流行した。「働いたら負けかなと思ってる」という言葉が話題を呼び、本田透『電波男』（二〇〇五）のようにキャラクターと一緒に過ごしたり恋愛や性愛の対象としたりするような思想までもが現れていった。

　この時代を象徴するオタク文化が美少女ゲームであり、架空のキャラクターと疑似恋愛をし、疑似性行為をする文化が蔓延した。ジャンルとしては「セカイ系」と呼ばれる、社会や政治の存在をほとんど描かず、二者関係の恋愛と世界の運命が接続されるフィクションが大きく流行《はや》った。その旗手の一人が、『ほしのこえ』（二〇〇二）で注目された新海誠である。

　そのような時代の流れに反し、庵野秀明は「現実」の探究に向かっていった。それは具体的には、演劇の研究や、ＡＶへの関心、実写映画の制作として形になっていったのだ。

II

儀式

かつての一七歳より

一五か一六の頃に、高校を辞めた。そのときは清々しい気持ちだった。二〇世紀末の当時、どうせノストラダムスの予言で世界は終わるし、という晴れ晴れとした気持ちだった。世界はどこまでも広がっているように感じられた。でも、その広い世界の中で、どう生きていいか分からず、閉塞するような気分でもあった。

一年間ぐらい、ひきこもってインターネットばかりやっていたと思う。ネットの先にある世界は未知で面白く、「人間ってこういう存在なのか」と日々知見が新たになっていった。

そのうち、『エヴァ』の結末がじわじわと効いてきた。

社会は怖い。とにかく他者は恐ろしい。なぜそうだったのか分からないが、単なる思春期特有の自意識過剰なのかもしれないが、とにかく恐ろしかった。

では、ひきこもり、他者や社会や現実や労働を拒否する生き方が理想か？　それはユートピアか？　自分自身の幻想を破壊する他者がいない世界が理想か？

それはとてもつまらなかった。たとえば友達と遊んだり笑ったりしているときに感じる充実感や満足感の手応えが全然ない世界だった。

TV版第一六話で、エヴァのエントリープラグに閉じ込められ、「ひきこもり」状態になったシンジの問いは、自分自身の葛藤そのもののように思われた。そして『ＥＯＥ』の「現実に戻れ」というメッセージも、ぼくは本気で受け取ったように思う。以後、アニメもゲームも、大学に入ってしばらくするまではほとんど触れないようになる。外に出なければいけない、現実に触れなければいけないと、ぼくは自分に言い聞かせていた。

でも、現実が何かは、分からなかった。

一九九八年の実写映画『ラブ&ポップ』では、援助交際をする少女たちを手持ちカメラで撮影する手法が用いられたが、「実写ならリアルなのだろうか?」「援助交際やセックスがリアルとは安直ではないか?」などと納得がいかない気分があった。二〇〇〇年には、『式日』を観るために、わざわざ飛行機に乗って東京に向かい、恵比寿の東京都写真美術館に行っている。そのときも、「自分の故郷を舞台に、自伝的に見える作品を撮ればそれがリアルなのだろうか」と悶々とした記憶がある。

後に上京して大学に入学し、ゼロ年代には、佐藤友哉、舞城王太郎、海猫沢めろんなど、『エヴァ』に影響を受け、「虚構と現実」のバランスの失調を問題とする文学者たちのムーブメントに浸った。『ＥＯＥ』以降の同じ時代に、同じ問いを抱えているように感じ、貪るように読んだ。

そして、二〇〇八年に筆者は評論家としてデビューし、東浩紀を中心とする「ゼロ年代論壇」の中で活動していくようになる。二〇一四年に書いた博士論文も、筒井康隆の「超虚構理論」についてであり、ずっと同じ問いを追い続けていた。

ぼくは、『エヴァ』の呪いの中に生きていた。「現実に帰れ」と言われ、その現実が何か分からず彷徨《さまよ》い、虚構と現実の関係が失調している同時代の作品に触れ続け、「情報化時代では我々の生きているリアリティはおかしくなってしまうのだ」などと、嘯《うそぶ》きながら。

この時期の庵野秀明の実写作品を観直すと、そのときのことが、ありありと思い出される。なぜかは分からないが、恵比寿で道に迷っていたときに見た、「日の丸自動車学校」の巨大な赤い丸のイメージとして——

「現実」の探究

『新世紀エヴァンゲリオン』の後に、庵野秀明は鬱になった。TV版のあと、映画を作っている最中に、追い詰められた庵野の話を聞いた宮崎駿が「逃げろ」とアドバイスしたというエピソードもある（宮崎駿『風の帰る場所』）。

そのリハビリも兼ねて、庵野秀明は「現実」を探究する。演劇を観たり、平野勝之のアダルトビデオを元にしたドキュメンタリー映画『由美香』（一九九七）に感動しAVに興味を示したり、生身の身体のある「現実」を様々に探っていった様子がうかがえる。

『ＥＯＥ』の実写パートは、声優たちが出演するドラマとして撮影されたものだったが、ほとんど没になってしまった。その一部は予告で観ることができる。没にした理由は、端的に「うまくいかなかった」からである。

『ＥＯＥ』で実写を導入した理由の一つは、オタクたちに、外の現実を見てほしい、自分たちを鏡で見てほしかったからだ。

もう一つは、そこと密接に関わるが、作り方の問題である。アニメは「頭の中」にあるものを現実にしていく作業だが、実写の場合は「頭の外」の素材を使って撮る。二〇〇四年に庵野は「今は外界の影響で変化する実写映像の方が面白いですね」（『文藝別冊　庵野秀明』p31）と言っている。内側の世界を外に出すのではなく、自分自身ではコントロールできない外の世界や現実の人間それ自体を見つめ、楽しんでいることが分かる。「言ってみれば、外の世界もそんなに悪いものじゃないということ」（同p34）を伝えようとしているのだとも言う。

庵野秀明はビジュアリストである。構図、動き、編集などのキレ、美しさ、迫力などで魅せるタイプの作家である。『新世紀エヴァンゲリオン』以降、「オタクの実存」の問いが、「虚構と現実」の問題系として現れるが、それとビジュアル、技法、演出などとが一体となって不可分なものとして表現されていく。これこそ庵野秀明という映像作家の特異な点である。

『ＥＯＥ』以降、「現実に帰れ」と言った庵野は「脱オタク」を試みていた。一九九八年には初の実写映画『ラブ&ポップ』を発表。同年一〇月よりＴＶアニメシリーズ『彼氏彼女の事情』を監督するが、その後はアニメーションからしばらく離れて、『GAMERA1999』、『式日』、『キューティーハニー』を発表していく。本章では、『シン・』にまで続く「虚構と現実」の問いが、映像や演出と一体となりどのように探究されていったのか、『新世紀エヴァンゲリオン』から新劇場版までの間に庵野秀明が手がけた実写作品を中心に論じていくことにする。

「生っぽさ」を求めて

庵野にとっての「現実」の探究は、フィクションの外に端的にあるものとしての現実と、フィクション（映像）の中に感じさせるものとしての現実に分かれる。フィクションの外にある現実へとオタクたちを誘うために、フィクションの中に現実の要素を入れるというのが、ＴＶ版の第一八話以降と『ＥＯＥ』の戦略だったことを思い出すと、よく分かるだろう。映像の中における現実感の問題は、テレビが原風景であり、現実感の基盤がないと繰り返し語る庵野自身においても切実な問題であったと思しい。

大島渚との対談で、大島から「新しい現実のようなもの」を作っているのではないかと羨ましがられるが、しかし庵野はアニメは現実ではないと答えている。「でも、芝居とか映画はそこに現実を作ることが可能だと思うんですよ」（『ユリイカ』二〇〇〇年一月号 p68）。「アニメをやっている時は、セルで描いた人間にない生っぽさや、絵という虚構世界に現実っぽさを出したがってい」（『文藝別冊　庵野秀明』p36）たとも言っている。

このような、現実の空間や、生身の人間によって「現実」感を映像の中に喚起する方向性を、庵野はしばらく模索し続ける。これまで本格的には観ていなかった演劇にも興味を持ち、演劇関係者との対談なども盛んに行っている。鴻上尚史との対談では、「コントロール可能」ではない「生っぽさ」への憧れを吐露し（『庵野秀明のフタリシバイ』p29）、幾原邦彦との対談では「人間の肉体の方が、CGより遥かにいい」（p84）と言っている。『彼氏彼女の事情』では、そのような役者の「生」の感じをアニメに導入するために、口パクを先に画で描くのではなく、録音した声優の演技に合わせて後から動かす、プレスコという技法を導入している。お金と手間がかなり増えることを敢えてやっているのは、「虚構」であるアニメの中に、現実の生々しさを導入するためであろう。

二〇〇一年には、劇団ゴキブリコンビナートのDr.エクアドルと、庵野自身の希望で対談が行われている。ゴキブリコンビナートは、舞台で実際に頬に串を突き刺したり、蛇を食べたりという、身体や肉そのものを強烈に使う劇団であり、その身体性と生々しさの観点に庵野は注目していたと思しい。平野勝之らのSMや食糞を伴うAVに興味を示していたのも、そのようなリアル感と映像との関係を模索している中でのことである。この頃の庵野は、自分自身がハメ撮りのAVを撮れるかどうかまで、本気で考えていた。

1『ラブ&ポップ』

自在に動くビデオカメラの映像

一九九八年一月九日に公開された『ラブ&ポップ』は、村上龍の『ラブ&ポップ　トパーズⅡ』を原作とした、援助交際をする女子高生たちを描いた映画で、庵野秀明が初めて本格的に挑んだ実写作品である。

フィルムではなく当時新しかったデジタルビデオカメラを導入し、ステディカムを使いながら基本的には手持ちで撮影された。照明なども減らし、ホワイトバランスなどの色調補正にもほとんど気を遣わず、いわゆるフィルムの実写映画とは異なる質感の映像を敢えて実現させている。現場も人数を少なくして機動力を高くし、それまでにあまり見られなかったようなトリッキーな映像を連発している。日本の実写映画は、役者を中心とし、その演技の臨場感などをカット割りや絵コンテよりも重視する撮り方をすることが多いが、ここでは役者の存在感などはむしろ軽視し、構図そのものを優先するような撮り方だ。

電子レンジの中からの視点、スカートの中から足を見下ろす視線、渋谷で話す女子高生の周りでぐるぐる回るカメラ、模型電車の上に乗せたカメラ、などなど、意表を突く映像が繰り出され、画面としてはTV版『エヴァ』のように「止め絵」のキレで勝負するというよりも、落ち着きなく動き回っている印象が強い。けれども、工事現場やビルなど、要所要所でアニメ的な構図でのキレのあるカットが入り込む。アニメ的な感覚を持ちながら、現実の景色や人間を活かし、カメラを動かすことで作画の苦労をせずとも立体的に動く動画そのものを味わい、楽しんでいるかのようである。

援助交際をする女子高生をビデオで撮影した本作は、どことなくアダルトビデオっぽい。庵野は当時AVにとても興味を持っており、フィルムによる映画的な映像ではなく、粗々しいビデオの持つ現実感のようなものを映像として導入しようとしたのだと思われる。フィルムの映画における性的なシーンの持つエロティシズムではなく、もっと殺風景で即物的なセックスそのものを映し出し、記号のようにしてしまうAVの映像の性質そのものに、庵野は興味を持っていたものと思しい。身体と性の生々しさと、映像や記号という対比と葛藤を本作からは読みとるべきだろう。

ＡＶの影響を受けているとはいえ、電線や構図などに興味がありすぎるので、映像にはいわゆるポルノっぽさはあまり感じない。実際、セックスも行われない。スカートの中から覗くパンツさえ、敢えてポストプロダクションで見えないように修正しているぐらいである。太腿などの肉の生々しさは繰り返し描かれるが、これもいわゆるエロスというよりは、もっと殺風景な物体のように見える。

本作では、「現実」を探究しつつも、身体やセックスの生々しさによってリアルを表現するという方法を、避けているようにも感じられる。人にそれほど興味がなさそうな映像は、『エヴァ』的なディスコミュニケーションや、人より構造物に興味を持つオタク的感性の表現に近い。これはこれで女性を「モノ扱い」しているように見えなくもないが、そもそも監督自身が性的な興味をどのぐらい抱いているのか不明で、構造物の方にこそよりエロティシズムを感じているかのような映像からは、そう簡単にセクシャリティを読みとれそうにない。むしろ、世界や肉体と生々しく有機的な関係を持てずにもがく主体が、カメラの裏側に存在しているように感じられてしまうのだ。

オタクと女子高生の共通性

本作が女子高生の援助交際を通じて描こうとしているものは何か。これはおそらく『エヴァ』の延長線上にあるだろう。『エヴァ』における、豊かで平和な世界における空虚さ、生の意味のなさを生きるとはどういうことかという主題が、女子高生の援助交際を主題に展開しているのだ。

女子高生たちも、生きる目的は特にない。何かになりたいという目標もない。主人公・裕美は心に欠損を抱えている。何かが足りないという思いを抱いている。だからトパーズの指輪が欲しくなるが、それも、本当に欲しいという気持ちを維持することすら難しい程度の欲望だ。指輪を買うために彼女は援助交際をし、レンタルビデオ屋のアダルトコーナーに連れて行かれて手で射精するのを手伝わされたり、ホテルでスタンガンで気絶させられて強盗されかけたりする。

登場する男たちも、空虚である。しゃぶしゃぶを一緒に食べる、ブドウを口に含んで吐き出すためなどに女子高生に大金を払う。生きる意味も目標も失った日本社会が、性のフェティッシュで断片的な欲望に浸るしかない状況をカメラは捉える。本作が本当に描こうとしているのは、そのような九〇年代である。顕微鏡で観察するように社会や人を覗きみる映画なのだ。

主人公の父親は鉄道模型に夢中のオタクである。それらオタク的な家庭であるが故のコミュニケーションや愛情の貧しさこそが、主人公を援助交際に向かわせるという話のようでもある。

クライマックスで、彼女を気絶させて強盗しようとしていた男が、ほだされて、裸のままの彼女に「自分を大事にしろ」という説教をする場面がある。後半のクライマックスにおいて、ストレートな道義的メッセージを発する点は、『エヴァ』と共通だ。身体感覚や、役者の存在のリアリティのようなものが異様に希薄なことも、この作品の特徴であるが、浅野忠信演じるこの人物だけ演技の存在感が大きく違う。

『ラブ&ポップ』は、アニメから実写へ、虚構から現実へと移行し、『エヴァ』の病から立ち直ろうとしている庵野秀明のリハビリのような作品である。そこには断片的な快楽に耽溺《たんでき》するしかない空虚な生たちが映されており、ただ単に「現実」に帰るだけでは物事は解決しないということも、はっきり示されている。

2『GAMERA1999』

虚構を作ることを職業にした者にとっての現実

一九九九年に、金子修作監督『ガメラ3　邪神〈イリス〉覚醒』のドキュメンタリービデオ『GAMERA1999』の総監督を庵野秀明は務めた。『ガメラ3』の撮影現場は、樋口真嗣の監督する特撮パートと、金子監督が撮影する本編とに分断されている。スタッフが半分に分かれてしまう「特撮」ならではの分裂と軋轢《あつれき》、ディスコミュニケーションを主題とした、奇妙なドキュメンタリーである。撮影は全編『ラブ&ポップ』のようにデジタルである。

庵野の興味は「人間模様」である。実際の撮影現場の撮影や編集などは、監督・摩砂雪が多くを行ったようで、総監督の庵野は「編集（人間模様）」とわざわざクレジットされている。

特撮という「虚構」を作る現場で、人間関係などの問題が生じて煮詰まっていく陰鬱な展開を敢えて撮っており、人間のリアルを描くことが庵野秀明の目的であったのだろう。『ガメラ3』プロデューサーの南里幸（甘木モリオ）が追い詰められ「死にたい」と連発する映像までが大量に使われており、オタクたちの好きな作品の裏側、人間の現実を見つめて、見せようとする姿勢が一貫している。ここにあるのは、虚構を作ることを職業にした者にとっての現実である。作品の結末近くには「だが、／虚構と現実、そして／夢／は続く。」という字幕も登場する。

南里幸（甘木モリオ）の影響

この時期の庵野秀明の実写観について、大きな影響を与えた「他者」がいることも強調しておくべきだろうか。

南里幸は、後に甘木モリオという名前になり、『キューティーハニー』『シン・ゴジラ』などの庵野秀明の実写作品に、プロデューサーや製作に近い立場で関わっていくことになる。彼と庵野秀明の出会いは、甘木のインタビューによると「僕が平成『ガメラ』シリーズをやってる時に、特技監督の樋口真嗣を通じて知り合いました。『新世紀エヴァンゲリオン』の実写パートを作ってほしいとの話」（「庵野秀明に実写を撮らせた男、甘木モリオが語るプロデューサーの資質『嫌われる覚悟が必要』」二〇一六）だったようだ。

後に庵野が製作総指揮をする『監督失格』の監督・平野勝之の『由美香』を庵野に勧めたのも南里であり、『ラブ＆ポップ』のメイキング・ドキュメンタリーにカンパニー松尾とバクシーシ山下らAV監督を抜擢したのも彼である。『ラブ&ポップ』『式日』など庵野の実写作品の多くをプロデュースした南里の、庵野への影響は大きかったのではないかと推測されるが、生々しいセックスやAV的なものを庵野が撮らなかったということは、良くも悪くも特筆されるべきだろう（次に述べる『式日』について、庵野と田口ランディの対談の中で、田口はセックスが描かれていないことをしきりに問題にしているぐらいだ）。

当時の対談などで、庵野はAVを撮りたいと思うと語っている。これは、『エヴァ』以降問題にしてきた、他者との接触を拒み、清潔な対人関係や世界を望む感性を克服しようとする試みであり、それに対して周囲からの挑発なども起こっていた時期だと理解するべきだろう。

3『式日』

「世界はとてつもなく広大で、人の心にはまだ優しさと慈しみと触れ合いも存在している」

おそらくこの時期の庵野秀明の実写作品で最も重要な作品が、二〇〇〇年一二月七日公開の『式日』である。庵野秀明の故郷・山口県宇部市を舞台にした映画だ。製作会社は、スタジオジブリの第二レーベルであるスタジオカジノ。

『シン・エヴァンゲリオン新劇場版:||』のエンディングが宇部新川駅であったことは、『式日』へのなんらかの目配せであろう。『シン・』のイメージビジュアルによるポスターは、まっすぐ延びる単線の線路（そこには分岐器が二か所、確認できる）だったが、これも『式日』のポスターを踏襲している。

35㎜フィルムを基調としたフォトジェニックな作品だが、作中の登場人物が撮っているデジタルハンディカムの映像も多用されており、異なる質感の映像が衝突する文体になっている。

原作と主演は、藤谷文子。スティーヴン・セガールの娘であり、実に存在感があり、動物的な躍動感がある彼女そのものが、『EOE』の実写パートや『ラブ&ポップ』とは違う映画としての佇《たたず》まいの中心になっている。本作は、役者の身体的な存在感が以前より際立ってきているのだ。

物語はシンプルで、岩井俊二演じる「カントク」が、藤谷演じる、トラウマがあり精神的に問題を抱えた女の子「カノジョ」と出会い、共依存的な関係になりながら三〇日近くを過ごすという恋愛モノである。カントクはアニメ映画を作ってきたことに疲れている。

カノジョは、翌日が自分の誕生日であるという妄想に囚《とら》われている。庵野監督自身の私小説を思わせる内容だが、原作は藤谷の小説なので、私小説そのものではない。カノジョは、むしろ、オタクの隠喩《いんゆ》として解釈することができる。

「嫌なことから全部逃げてよぉー、結局全部自分の世界じゃねぇか」とカントクはカノジョに叫ぶ。また、「二人が怖い、お母さんも怖い、だからみんないなくなれって呪いをかけた」とカノジョは言う。カノジョはシンジの延長線上の人物であることが分かるだろう。

カノジョの家は美術的に力を入れて作られており、そこはカノジョの「好きなもの」に囲まれている。地面には電車の線路が描いてあり、壊れたブラウン管などのガラクタが整然と秩序正しく並んでいる。そこでカセットテープに吹き込まれた留守番電話の音声を繰り返し再生することで「虚構」に閉じこもっているのがカノジョだ。「傷つけるものを避け守ってくれるもので再構成された世界」に依存していると作中では表現される。

それに対して、カントクは、アニメという「虚構の構築」をしてきたことに疑問を吐露し、「贖罪《しょくざい》」の気持ちがあると述べ、カノジョを外に連れ出そうとする。二人が外に出たシーンは多く、手持ちのカメラで撮影されている。

「実写映像すら現実を伴わない。いや、既に現実が虚構に取り込まれ、価値を失っている」とカントクは言い、「私の現実はカノジョに集約されつつある」と言いながら撮影する。これは既に述べた役者の「生っぽさ」にこそ現実を見出そうとした態度の延長で理解可能だろう。

しかし、そうやって撮っても、現実はすぐに映像になってしまう。映像は現実を切り取って虚構に変えてしまうものであり、記憶の編集に似ているとカントクは自省する。それは、現実を「理想の過去に変える」ことなのではないかと、カノジョと同じ、作り物の妄想の世界に入ってしまうことなのではないかと。自分も他人と適切な距離がとれず、逃避しているに過ぎないのではないか。しかし、それでも「映像を通してしか他人とコミュニケーションのとれない自分」はそうするしかない。

カントクは好きな景色を訊かれて、砂漠だと答える。「人の歪《いびつ》さがないから好き」だと。庵野は、人間が嫌いだと対談で発言している。だから、人間のいない景色が好きである。だから、工場や電線や線路などが頻繁に映像に出てくる。では、なぜ線路が好きなのかと訊かれると、カントクは「機械的建造物」であることと、もう一つの理由を言う。それはレールは軌道が決まっているからで、上に乗れば選ばなくていいからである。

人間が嫌いで、そうではない幾何学的な人工物が好きである自分。その自分は「選ばない」「決まっている」ものが好きだということも自覚している。でも、それを克服する覚悟を決めている。歪である人間、決まっていない流動的なこの世界を見つめ、愛する覚悟を本作は決めている。カノジョを愛するとは、そのように自己を克服し世界との関係を作り直すことの隠喩に等しい。

　妄想の世界に逃げ込んでしまったカノジョを見て、「無慈悲と残酷と憎しみと孤独に満ち満ちた世界、それはこの世界の現実だ」とカントクは言う。だが「世界はとてつもなく広大で、人の心にはまだ優しさと慈しみと触れ合いも存在している」、その事実をカノジョに知ってほしいのだと。それは、『ＥＯＥ』以降の庵野の自己言及であり、解説でもあるだろう。内に籠もってアニメなどに依存する観客に対して、自作を通して何をしようとしていたのかを雄弁に語っている。

　さて、カノジョに拠るとどうやら母と父と姉は死んでいるようで、母からは精神的な虐待も受けてきたようであり、ひょっとするとカノジョが線路に母親を突き落として殺したかもしれないことが示唆される。それだけ凄惨な過去があれば、これほどおかしくなり、逃避的な妄想に逃げ込むこともやむを得ないのかもしれない。だが、カノジョから妄想を取り上げ、現実に直面させることは倫理的にどうなのか？　現実を映像にし、虚構にすることで記憶を再構成しているカントク自身も同じではないか？　このような潜在的な問いは、エンディングで次のように解決される。

　母親が死んだなどの、カノジョのトラウマの原因その他は、作り話であり、存在していなかったのだ。全てが嘘かは分からないが、少なくとも母親は生きており、それまでの話の印象からイメージされるような虐待的な母親ではない。映画の中で母親を突き落としたり母親の身体がバラバラになるシーンはＣＧアニメーションで描かれていたが、それがそのまま「虚偽」であったという表現上の意味を持つ。

結末近くは、母親と娘の対話である。はっきりとは明示されないが、どうやらこれが事態を好転させたらしい。部屋のカーテンが開かれ、光が入り込む。外の広い世界が見えてくる。

これは共依存の物語だが、男女の共依存だけでなく、アニメなどの虚構の受容者と生産者の共依存の物語でもある。そして、庵野秀明がどのような贖罪を志向し、アニメの観客たちと心理的に和解しようとしたのかの物語でもある。現実や身体、役者などの他者に目を開き、新鮮にそれらに驚きながら世界を広げていった庵野秀明自身の成長の軌跡が、映像や演出などにダイレクトに反映されてもいる。

実写作品としては、『式日』が一つのクライマックスであり、ここで重要な問題が一つ解決したと思しい。

本作は英語タイトルを「Ritual（儀式）」と言うが、「儀式」という単語は『シン・』のＤパート（『シン・』は制作の便宜上、全体が六つのパートに分けられている。最終のＤパートはシンジが初号機で出撃して以降）で繰り返し現れる。このタイトルは、大島渚の『儀式』（一九七一）という、戦後民主主義を総括する映画と関連しているようだ。「自分にとって日本というのは何なんだろうというのを、自分なりに総括できればしてみ」（『ユリイカ』二〇〇〇年一月号p72）たいのだと、本作に触れながら、庵野は大島に語っていた。

往相から還相へと転換する儀式

筆者は、庵野秀明のフィルモグラフィを二つに分けるとしたら、『式日』と『キューティーハニー』の間に線が引かれるものと考えている。

仏教の用語で、往相《おうそう》と還相《げんそう》というものがある。単純化して言うと、往相とは、自分自身の利益を求め、浄土に行くために修行するプロセスである。「自利」とも言う。現実の面倒くささや不潔さを避け、理想的な清潔な世界を目指すアニメファンの欲望は、浄土希求によく似ている。

還相とは、浄土に到達し、悟りを開いた者が、「この世界」の存在を認め、この世界のために能力を使い、世界や人々を良くしようとしていくフェイズである。自分自身だけではなく、他の者たちを含むこの世界そのものを極楽浄土にしていくための、永遠のプロセスに力を尽くす。これは「利他」と呼ばれる。

『新世紀エヴァンゲリオン』以降の庵野秀明は、往相と還相の複合した状態にいた。『式日』の内容を見れば、それが明らかだろう。そして次の『キューティーハニー』では、自分自身の執着を捨て、人々に尽くそうとする方向性に極端に振り切ることになる。「虚構と現実」のうち、虚構を否定し、現実に目覚めよと言っていた『EOE』当時の庵野と比較すると、これ以降の庵野は「虚構」によって楽しませ「現実の世の中を生き抜く力」を与えようという、初期『エヴァ』に近い内容へと回帰していくのだと言えるだろう。

4 『キューティーハニー』

アニメと実写の融合

二〇〇四年五月二九日に公開された『キューティーハニー』は永井豪原作の実写映画化で、『シン・ゴジラ』などと同じく、有名な過去作のリメイクである。『式日』とは違い、本作では実写であるがかなり漫画・アニメ的に誇張された戯画的な作風に振り切っている。押井守が『G.R.M.』などで試みようとしていた「アニメと実写の融合」を庵野秀明流に行った作品だと考えることもできる。作品の評価は高くなく、興行的にも成功したとは言い難い。確かに、内容は滑稽であり、認知的不協和を催すような絵作りには違和感が拭えない。庵野自身が言う通り、予算不足もあっただろうし、技術的な不足もあったのだろう。『シン・ゴジラ』や『シン・ウルトラマン』予告編のような、シリアスな実写パートの中にCGなどを組み合わせるという方向ではなく、むしろ狂騒的でギャグ的な内容を、役者の演技などで実現するという本作は、『シン・ゴジラ』以前の試行錯誤であり、『シン・ゴジラ』的なトーンに結実される前に庵野秀明にあった様々な可能性を考えさせられる一作である（二〇〇二年の実写短編『流星課長』は、人が地球の外に飛び出ていくなど、『キューティーハニー』よりも極端なギャグ路線である）。

ただ、サトエリこと佐藤江梨子が演じる主人公ハニーは「三百六十五歩のマーチ」を歌うことや、カチューシャなど、後の新劇場版における新キャラのマリの造形に影響を与えていると思しい。「虚構と現実」のバランスを模索していた時期における庵野の軌跡を考える上で、本作は実は決定的に重要な作品なのではないかと思われるのだ。

観た人を元気にして現在を肯定させる映画

二〇〇二年一月一八日付で、関係者向けに庵野秀明が書いたイメージメモが、『文藝別

冊　庵野秀明』に掲載されている。そこには「登場人物はひたすら、魅力的に。そして『作品』は何より、面白く」「鑑賞後はすっきりさわやか爽快感」「元気になっていて欲しい。／観た人に色々な力、エネルギーを感じて欲しい。／そして、活力や夢を持って欲しい。／現在を肯定し、過去ではなく、未来を志向させるもの」と書いてある。そしてテーマは「友人・仲間の力」「他人を信じる力」「自分を信じる力」「イマジネーションの力」「現実の世の中を生き抜く力」とある。

日曜の朝に放映されている特撮モノに近い画面作りで、着ぐるみとCGとアニメーションと生身の役者が奇妙に混じり合い、本作の視覚的な印象は大変キッチュである。役者の演技はクサく大袈裟で、画面は構造物フェチ的な要素が少なく、レイアウト勝負よりも役者の演技の長回しが多くなっている点には、「役者」という存在への信頼の高まりが感じられる。確かに、サトエリの存在感は強い。天真爛漫で、明るく、派手な格好をする生命力に溢れた女性という像は、『式日』の藤谷の延長線上にあるようにも見える。おそらく、そのような女性の存在、身体などが、庵野にとってこの世界、この現実、人間との和解の手掛かりになったのではないか。

原作では女性型アンドロイドのハニーが変身するのは「空中元素固定装置」によってだったが、映画では「Iシステム」と設定が変えられている。「イマジナリー・インダクシヨンシステム」と作中で呼ばれているが、Iとは「愛」であり「虚構」でもあるだろう。作中で、「Iシステムは生命を活性化させる」が、その濫用を戒めるシーンもある。花は「自分で世話して咲かせないと」と、登場人物の秋夏子《あきなつこ》が言うと、ハニーはそれに従う。「ズルをやめる」のだ。これは、虚構と生命の関係はどうあるべきかというメッセージそのものだろう。

敵である謎の秘密結社パンサークローは、欲望に忠実だと設定されている。その親玉であるシスター・ジルもまたそうだ。彼女は「変わらぬ人の愚かさを眺めつづける退屈な日々」を送っており、刺激に飢えている。つまり、私欲で生きるオタクたちや、消費者たちのメタファーだと考えてもいい。

そのジルに、ハニーは「愛」を教える。「愛」という感情がないジルはどうすればいいのかと訊ねられ、ハニーは「まずあなたが愛せばいいのよ」と答える。様々な自然などを撮影した映像がオーバーラップされる「記憶」の中で、ハニーは父に愛された経験を思い出し、「ありがとパパ」と言う。『エヴァ』から（さかのぼれば、初監督作品『トップをねらえ！』から）続く親子の葛藤の物語も、ここで既に逆転と和解が起こっていることに注目されていいだろう。

永遠の命を持ったハニーは、ジルと同じになると言われてしまうが、ハニーは「ならない」と答える。理由は、「この世界が大好きだもん」。

これほどまでの、あっけらかんとした世界の肯定を行う存在がハニーだ。これまでの作風との大きな転換、主題の変化、伝えようとするメッセージの変容が見られるだろう。オタクたちを外の世界や他者に連れ出すという主題は同じだが、オタク的な虚構を肯定し、それによって、生命や身体、欲望などをポジティヴに肯定し、世界そのものの存在への是認と愛へと導こうとしたのが本作であると考えられる。

新劇場版のマリのモデルが安野モヨコであるという読解が世間に多いが、それ以前の『キューティーハニー』における態度の変化のきっかけは、二〇〇二年に漫画家・安野モヨコと結婚したことにあると推測することは確かに可能である。

庵野秀明は、妻・安野モヨコの作品を、こう評している。「嫁さんのマンガのすごいところは、マンガを現実からの避難場所にしていないとこなんですよ。今のマンガは、読者を現実から逃避させて、そこで満足させちゃう装置でしかないものが大半なんです。マニアな人ほど、そっちに入り込みすぎて一体化してしまい、それ以外のものを認めなくなってしまう。嫁さんのマンガは、マンガを読んで現実に還る時に、読者の中にエネルギーが残るようなマンガなんですね。読んでくれた人が内側にこもるんじゃなくて、外側に出て行動したくなる、そういった力が湧いて来るマンガなんですよ。現実に対処して他人の中で生きていくためのマンガなんです。嫁さん本人がそういう生き方をしてるから描けるんでしょうね。『エヴァ』で自分が最後までできなかったことが嫁さんのマンガでは実現されていたんです。ホント、衝撃でした」（『監督不行届』）。

『キューティーハニー』や、後に述べる『シン・』は、安野モヨコのマンガが実現させている、「外側に出て行動したくなる」力を湧かせようとした作品であると解釈することはできるだろう。

その他、庵野は結婚の影響を以下のようにも語っている。「（結婚して）最近は少し変化してると感じます。脱オタクとしてそのコアな部分が薄れていくのではなく、非オタク的な要素がプラスされていった感じです。オタクであってオタクでない。今までの自分にはなかった新たな感覚ですね。いや、面白い世界です」（同）。

脱オタクではなく、オタク部分はそのままに、非オタク的な要素をプラスするという方向性は、オタクを批判し追い詰め外部に向かわせようとした『ＥＯＥ』の態度とは、大きく異なっていることが分かるだろう。

だが残念ながら、この『キューティーハニー』においては、これらの態度変更やメッセージが観客に適切に伝わったのかというと、そうではなかっただろう。庵野秀明に期待されるような、内面描写や、心の欠損などの主題を欠き、エンターテインメントというよりはほとんど実験映像であり、未知の映像の奇妙な味わいを嗜《たしな》むような特異なキッチュの美学を要求する本作は、大衆的にヒットしなかった。これが庵野秀明の逆説であった。『エヴァ』のように、うじうじと内面を描く個人的で内向的な内容の方こそが、彼の作品におけるポピュラリティに繋がる側面があるのだ。

しかし、ビジネスとしては失敗ではあったが、ここに示されている「転回」と吹っ切れ方は非常に重要なものだった。二〇〇七年に公開された『ヱヴァンゲリヲン新劇場版：序』、二〇〇九年に公開された『ヱヴァンゲリヲン新劇場版：破』の、ポジティヴな方向性への転換は、『式日』『キューティーハニー』で模索され確信された新しい精神性や態度を抜きにしては考えられないからだ。

さて、一連の儀式を終え、新しく生まれ変わった庵野秀明は、自身の代表作である『新世紀エヴァンゲリオン』とどのように向き合い、どのようにリメイクしていったのだろうか。

III

還相

現在の三八歳より

『キューティーハニー』の頃から、庵野秀明作品とのシンクロもなくなっていった。庵野秀明が還相《げんそう》に入ったにもかかわらず、こちらは相変わらず「虚構と現実」の問いに悩まされていたし、生活の具体的な問題の方が忙しかったからだ。『式日』よりもひどい共依存の地獄も経験しており、フィクションに耽溺《たんでき》していたり、虚構と現実の違いを観念的に考えていたりするどころではなかった。

『ヱヴァンゲリヲン新劇場版：序』『ヱヴァンゲリヲン新劇場版：破』は、劇場で観たはずなのだが、ほとんど記憶がない。よくできたウェルメイドの若者向けのエンターテインメントになってしまっていて、自分にあれほど影響を与えたあの『エヴァ』ではない、と感じていた。今思えば、それは新劇場版の狙いが分かっていなかった。ぼくが子供だったのだ。

再びシンクロが始まるのは、東日本大震災以降だった。

『ヱヴァンゲリヲン新劇場版：Q』を劇場で観て、「これだ」と思った。これこそ『エヴァ』であり、震災後だと。世間では評価が二分されていたが、知ったことではない、これは新劇場版の中で最高傑作である、と当時は感じた。

そして二〇一六年の『シン・ゴジラ』も劇場で痺れた。「虚構と現実」（映画のキャッチコピーはストレートに「現実《ニッポン》対虚構《ゴジラ》。」だ）のテーマや、オタクと公共性のような問題をこう解決してきたのかと舌を巻きながらも、一方ではナショナリズムが強過ぎはしないかと危惧の念を抱いた。でも勢いで『シン・ゴジラ論』という一冊の本を書いてしまうぐらいには圧倒され、自分の中の何かが喚起された。

そして『シン・エヴァンゲリオン劇場版𝄇』には打ちのめされた。そうか、そういうことか、そうだったのか、と、四半世紀のぼく自身の葛藤や、庵野秀明作品への勝手なシンクロ意識の意味が、筋道だって理解できてくるように感じた。多くの観客と同じように、涙し、「成仏」し、一歩悟りに近づいたかのように感じた。

この間に、結婚し、子供が生まれたので、『：Q』のように、悲劇と憂鬱に酔っていれば良い状況ではなくなった。どうなったとしても自分ひとりなら、死ぬ以上に悪いことはないので、投げやりにもなれるし、無茶もできる。しかし、妻子がいれば、そうはいかない。

加齢で身体も徐々に衰え、あちこちが故障してくる。体力や集中力も衰えていき、自分が右肩上がりではなく、下り坂に入り、その先にやがて死があることがリアルに見えてくる。

自分はやがて死ななくてはならない。自分は無限に成長し続けるわけでもないし、どこかの理想郷に辿り着けるわけでもない。だが、子供を含め、次世代は成長し続けている。それを生かさなくてはならない。そのように心境が変化していった。

自分自身の変化を経て、初めて、新劇場版が何だったのか、ようやく理解できるようになったのだ。

優しく、前向きな新劇場版

電車はレールの上を走る。決められた道を進むしかないのか、それとも違う道に行くことができるのだろうか。レールは、つまりは「虚構と現実」は、『式日』の「カノジョ」が言うように、決して交わることなく永遠に並行線で、だけど常に切り離すことのできないものなのだろうか。

新劇場版の四部作は、『新世紀エヴァンゲリオン』の「REBUILD」(再構築)として企画が始まった。元々は、劇場版『機動戦士Zガンダム』三部作(二〇〇五～二〇〇六)と同じように、新作カットを加えながらTV版の素材を流用して作るつもりだったが、作業をしているうちにだんだんと新作部分が増えていき、実質的に続編とも新作とも言いうる内容になっていった。

『:序』は二〇〇七年に公開、『:破』は二〇〇九年に公開された。ここまでは基本的に、

ＴＶ版の第一九話までを踏襲している。主人公碇シンジが前向きで明るい性格になったことを、新規の若い観客は歓迎したが、ＴＶ版や『ＥＯＥ』にハマっていた筆者と同世代の面倒くさいファンたちからは、「あんなもんはエヴァじゃない」「主人公が前向きになったら普通のアニメだろ」などと呪いの嘆きも生じていた。筆者自身も、そのクチだった。

二〇一二年、東日本大震災後に公開された『:Ｑ』は、前作から一四年後の物語になり、これまでのシリーズでは全く描かれなかった内容が展開する。そしてなんと、完結まで九年も待たせた『シン・エヴァンゲリオン劇場版𝄇』は、ＴＶ版や旧劇場版と接続される内容にもなっている。『シン・』は、新劇場版四部作の完結編であると同時に、『エヴァンゲリオン劇場版』（『ＥＯＥ』）の「新・真」バージョンだというわけだ。

新劇場版の旧シリーズとの大きな違いは何か？　端的に言えば、人が優しくなったことにある。対人関係が苦手で疎外感を覚えがちだったＴＶ版の登場人物たちは、仲良くなるためにお弁当を作ってみたり、他者に配慮したり、手を繋いだりするようになる。身体嫌悪・性嫌悪の側面が薄くなり、身体的・対人的・性的な（あるいはそれを象徴する）場面がかなり意識的に増やされている。世界の終わりを望むような黙示録的情熱や、陰謀論的な意味への希求がかなり後景に退き、世界を終わらせるのではなく、生命そのものを生かす努力を肯定するように内容の方向性が変わっているのだ。この変化は、既に「儀式」のところで述べた、『式日』と『キューティーハニー』の間で起こった大きな転換の延長線上として理解することができるだろう。「他者」を受け容れるべきであるという思想もより強くなり、多くのスタッフの意見を取り入れるという方法論と相即《そうそく》している。「オタク」を以前よりも苛烈に批判することがなくなり、現実に戻った方がいいという主張や、過度に観念的・抽象的なものに依存しすぎることの問題を指摘するメッセージ性は健在なのだが、攻撃的というよりは、もっと穏やかな働きかけになっている。『シン・』に至っては様々なトラウマやパーソナリティの癖を抱えていた登場人物たちも、最終的には精神的な浄化を得る結末に至っている。

それを「成仏」と呼ぶファンたちもいた。ファン自身も成仏しており、筆者もまたそうだった。中には救われなかったことを恨むオタクたちもおり、ネット上では苛烈な批判も繰り返されたが、筆者の見る限り、概ね穏やかにこれを受け止める人たちの方が多かった。「エヴァにハマった人の中で、社会人になり結婚して子供もいるようなタイプは本作を穏やかに受け止めているが、恋人も家庭もない自分は決して救われないのではないか」という嘆きは実に深刻で、読んでいて胸が苦しくなった。

確かに、筆者は結婚し、子供が生まれて、家庭を持っている。「シンジくんは僕だ!」とか「みんな死んでしまえばいいのに」的なことを言っていた中二病ではもはやなく、三八歳のいい年した立派な中年である。悲しいことに、中二病よりも、中年病（生活習慣病）の方が親しい。

最近、『エヴァンゲリオン』を語るネット番組に出演して、居間の隣にある自室で「シンジくんは僕なんです！」とか「ＴＶ版ではアスカ萌えでした！」などと叫んでいたが、正直気恥ずかしいし、家族からは白い目で見られていた気がする。

それはともかく、結婚や出産、育児などの経験が新劇場版の鑑賞体験に影響を及ぼしている、というのは、その通りだろう。『シン・』を観ること、『：序』『：破』『：Ｑ』を観直すことは、そのような自分自身の変化そのものに向き合うような経験でもあった。

ぼくが一四歳で『エヴァ』に出会ったとき、庵野秀明は三七歳。ちょうどそのときの作り手の年齢と同じ年齢になって、ようやく『エヴァ』にあった教育的メッセージや親心のようなものが分かるようになった。そしてその年齢で、今や六〇歳を越えた庵野秀明から提示された『シン・』を観ることは、一種の答え合わせのようでもあり、年齢差がありながら同じ時代を生きて、提出された課題に対して頭を振り絞り、生き方を決めてきた人間として、先達のアドバイスを求めるような経験だったのだ。

『Zガンダム』と『エヴァ』

既に述べたが、『エヴァ』の変化は『Zガンダム』の変化とパラレルである。それだけでなく、内容には富野由悠季の思想の影響もうかがえる。

新劇場版をやると庵野が決めたのは二〇〇五年の一〇月である。「『エヴァのガンダム化』というか古典化」を目指す方向性で、『2』を作るというアイデアや、既存のマテリアルを使って再編集した総集編を作るというアイデアなどが初期には混ざり合っていた。既存の素材と新しい素材を混ぜて映画にするというアイデアは、同年に公開が始まった『機動戦士Zガンダム』を観ての着想だと庵野は明かしている（「庵野秀明監督 新劇場版『ヱヴァ』年表見て涙！燃え尽きて死の直前まで行った思い出告白」二〇一四）。

TV版では精神崩壊してしまっていた『Z』の主人公カミーユは、劇場版ではそうならない。この変更が、新劇場版のコンセプトにも大きな影響を与えたと推測される。

ロボットアニメとして、庵野は富野由悠季の『ガンダム』シリーズや、『伝説巨人イデオン』などに大きな影響を受けている。主人公に理系の科学者や技術者の親がいること、「自閉症的」な主人公が内向的でロボットに乗りたがらないことや、（ナチスドイツやソビエト連邦などを意識した）人類史的な規模の物語が描かれることなども、富野作品からの大きな影響である。

富野思想が新劇場版に影響を与えたと思しきもう一つの大きな点は、「ニュータイプ」と「大地」の葛藤だ。ニュータイプは、アムロやカミーユがそうであるように、機械などが好きな内向的なオタク的な傾向を持つが、高い能力を発揮するギフテッド的な人物だ。彼らは大地や地上、古いものを振り捨てて、宇宙に出ようとしている。土着的なものを振り捨てた新しい生き方の象徴だろう。それに対して、地球や地面を象徴する人々がおり、彼らと戦争をしている構図が『ガンダム』シリーズの中では多い。スペースコロニーはアニメ業界のメタファーであると庵野は考えている。つまり、『ガンダム』とは、オタクの生き方とアイデンティティを巡る寓意的作品だったと解釈しうる。『エヴァンゲリオン』はそれをダイレクトに継いでいるのだ。

後年、『∀《ターンエー》ガンダム』（一九九九～二〇〇〇）を顕著な例として、富野は「大地」に回帰する。『∀』では、「男は男、女は女」とガンダム（を内に秘めた「ホワイトドール」と呼ばれる神像）を男女が囲んで歌い歩く土着的な祭りが行われるほどで、民俗的・土着的なものへの回帰という思想が全開になっている。その後の『ガンダム　Gのレコンギスタ』（二〇一四～二〇一五）も、そのタイトルにGROUND（地面）の再征服という含意がある。このような『ガンダム』シリーズにおける大地への「回帰」「転向」を、『エヴァンゲリオン』も意識しているのではないだろうか。

1『ヱヴァンゲリヲン新劇場版：序』

製作委員会方式にケリをつける

二〇〇七年九月一日に公開された『ヱヴァンゲリヲン新劇場版：序』は、TV版の第一話から六話までをベースにした作品で、TV版の構図やレイアウト、タイミングをかなり几帳面に踏襲して作られている。画面はTV版原画をもとにしたデジタルによる再撮影と新規作画によって解像度が高く、色調もより繊細になっており、TV版からのかなりのアップグレードを感じることができる。

後に述べるように、新劇場版四部作は、かつての『新世紀エヴァンゲリオン』と、それが起こしたサードインパクト（第三次アニメブーム）に「ケリをつける」「贖罪《しょくざい》する」ことが一つのモチーフになっている。これまで見てきた諸作と同じように、「作り方」とその思想が相即している。

プロデューサーの大月俊倫によると、『：序』は資金集めなどの時点から、従来とは異なるやり方を採用していた。現在の日本のアニメーションは、著作権や原盤権などがアニメ会社のものにならない「製作委員会」方式が主流であり、それが世界的にも大変評価の高い優れた作品を作っているアニメ会社やアニメーターたちに多くの報酬が行きわたらない原因のひとつだとも言われる。それが大々的に広がったのは『エヴァ』以降であったと当人たちは認識している。

その製作委員会方式を、総監督の庵野と大月は覆し、自主製作、自主宣伝、自主興行のやり方を選択した。大月はこう言っている。「前の『エヴァ』で、俺とお前で始めてしまった製作委員会という悪辣なる制度を、俺とお前でやめるんだ」（『ヱヴァンゲリヲン新劇場版：序 全記録全集』）。つまり、既存のシステムとしてルーチン化された作り方のレールから降りて、新たなレールを作るところから始めているのだ。

製作は、庵野が新しく設立した株式会社カラー。アニメーションの制作を担うのは、カラーのアニメーション制作スタジオとして設立されたスタジオカラー。最初は独自の制作スタジオまで持つつもりはなかったが、小笠原宗紀が入ってきて、構想が違うものになった結果できたのだという。他者や外部の影響で、成り行きで進んでいくライブ感とも言えるだろうか。これが新劇場版で最も重要な点の一つになっている。

最初は、新作部分も含んだ総集編をやるつもりで動き、TV版の原画なども集め、再撮影が行われた。だが、これは使えないものだった。デジタルとフィルムは相性も悪く、解像度なども違うし、スクリーンとテレビではサイズが違う。そこで、検討試写のあとに、原画からデジタルとして新作で起こす方向性に変わった。

「やり直し」を映画にする

『：序』は、ＴＶ版とほとんど同じ構図、タイミングなどを繰り返している。これは新劇場版の当初のコンセプト通りであるとも言える。新劇場版は、ＴＶ版と同じように始まり、徐々に違うところに連れて行くことを意図した作品だからだ。

そのコンセプトを考えたのは　鶴巻和哉だと庵野は語っている。「同じ場所から出発して、最初は十年前と同じ線路を走ってるんですが、同じ方向に走ってはいても途中から『ガシャコン！』と線路が切り替わって、並行してる別の線路を走り始める。そのうち線路がどんどん離れていって、最終的には『あれ？　この線路って、いったいどこに行くんだ？』となっていく。そういうものにしたいと（鶴巻は考えた）」（『：序 全記録全集』）。新劇場版全体もその通りの構成になっており、『：序』においても、新作画が集中しているのは後半のヤシマ作戦のシーンである。

新劇場版の展開には鶴巻の考えがかなり大きな影響を与えているようだ。庵野は、自分ひとりの頭の中ではなく、他者の考えをたくさん入れるようにしていると新劇場版のインタビューで強調しているが、その典型的な「他者」の一人が、庵野総監督の元で唯一、四部作のすべてで監督を務めた鶴巻和哉である。

『:破』のインタビューで、鶴巻は「(新劇場版は)『やり直しである』っていう制作の事情それ自体が『映画になる』ようにできないかと考えていたんです」「物語を変化させること自体が作り手にとってまずストレスであって、劇中の登場人物にとってもストレスであって、それが観ているお客さんたちにもストレスになって……みたいな。その全体の状況含めて『映画』にならないかなと」「『繰り返す』『やり直す』『変えたい』『変わらなきゃいけない』こと自体が物語のテーマになり、新たな構造を生む」「変わりたいって言っているのに変わらない。変わってほしい、でも変わってほしくないみたいな……。そんなものすごい構造になっていて、僕は大好きなんです」(『:破 全記録全集』)と語っている。「やり直し」であることからくるスリルを観客とも共有する作りであったことが分かる。

新劇場版は、後に述べる『:Q』のような大きなレールの変更だけではなく、小さな選択肢や行動の違いこそが、最終的に大きな違いを生んでいくような作品になっている。鶴巻は、庵野の作り方と、この性質を重ねている。

庵野は、帰納法ではなく演繹《えんえき》法的に作っていると鶴巻は分析している。目的地が決めてあるのではなく、進めて面白くなる方に向かって積み重ねていくことを「演繹法的」と鶴巻は呼ぶ。「たとえば二股の分岐点があるとします。『レイを助ける/助けない』とあれば、

『助けた方がいい』とチョイスする。『EVAに乗る／乗らない』とあれば、『乗った方がいい』をチョイス。その後連綿と続く二者択一を自分の好きな方にチョイスし続ける。エヴァの物語構造って、それによって構築されていく。それはもはや構造ではないんですよ」と。

「生成」的な作り方

設計図通りに創造するのではなく、その場その場の選択の積み重ねとして作品を作っていくこと。それは、一神教的な神による「創造」と対比し、自然による「生成」に近いと言いうるのかもしれない。

庵野は「一神教が嫌い」（『森達也の夜の映画学校』p155）だと明言しており、「アニメの神」や「映画の神」には愛されていると随所で語っている。庵野の作り方は、明晰に世界を構造として把握するような一神教的な神ではなく、生成を繰り返しながら進んでいくことを是とする日本的な宗教観に近いように思われる。

それは、丸山眞男が日本人の古層にあるという「つぎつぎとなりゆくいきほひ」（『歴史意識の『古層』』）のような作り方ではないか。ライブ感というのは、このリズムのことであり、『エヴァ』の持つ魅力の一端はここに繋がっていると言えるのではないか。

庵野作品の魅力を、摩砂雪は「観客に考えてる暇を与えない手法なんだよね。客が『何かあるんだろうな』って思った瞬間、間髪入れず次のシークエンスに持っていく」「観てる人が自分の頭の中で『きっとこうなんだろうな』って補完しちゃうんだろうね」（『：破全記録全集』）と語り、鶴巻は「アニメーションのアクションって理屈ではなく、生理現象的な感覚としての気持ちよさがあると思います。実写に比べて、アニメーションはそういう気持ちよさに託して伝えるものの割合が大きいように思えます」（同）と言っている。

つまり、理屈を超えた生理的な気持ちよさこそが、映像における『エヴァ』の核心なのである。言語や理性ではなく、身体や感覚をこそ重視する思想は、日本思想的だとも言えるのだが、日本思想は『日本書紀』や『古事記』などの神話を読めば分かる通り、性に対しておおらかで、身体的である。そこはこれまでの庵野作品の性質とは大きく異なっている。身体的な感覚や性的な快を忌避し、幾何学的なものや科学的なものに惹かれつつも、それがもたらす生理的な欲望を実現させるために生成的な手法を使うという特異な位置の（広義での）思想を持っているのが、庵野秀明作品なのだ。最も深いレベルでの新劇場版が担おうとしている思想的な責任は、おそらくこの辺りにある。身体や食、性というモチーフは、その観点から理解されるべきだろう。

些細な違い、その最終的な帰結

では、実際の作品内において、今までと違うことと、同じことは何か。登場人物たちを中心に見ていこう。

綾波レイについては、かつてとあまり変化がない。無感情、無表情で人と交流せず、裸を見られても胸を触られても動揺しないほどの身体性への無感覚もかつてと変わっていない。

オタクのメタファーとして興味深い人物は相田ケンスケで、『EOE』以降の実写作品のようにビデオカメラを持っている。彼は戦争を観たいと思って行動し、「敵が来てくれる」とも表現する。戦争や災害を、映像やエンターテインメントとしか感じられないオタク的な感性の象徴だろう。『シン・』では立派な大人となって再登場するが、彼は『:序』の時点ではTV版とそれほど大きな変化がない。

大きく変わったのは、シンジへの周りの対応である。

シンジが「言われたとおりにする」ことが「処世術」の人物として描かれていることは変わらない。だが、かつてよりも意志を尊重される場面が増えている。「別に」とか「どうでもよい」を繰り返しふてくされている彼に、ミサトは「あなた自身が決めなさい」と繰り返し、エヴァに乗ることを無理強いはしないのがTV版との大きな違いだ。

　ＴＶ版では、世界の運命を握っている一四歳に対して、あまりにもケアが足りていなかった。どうしてネルフには心療内科がないのだろうか。世界の運命がかかっているのなら、もっと褒めたり、うまいものを食べさせたり、チヤホヤしたり、時には色仕掛けをしてでも、モチベーション管理をしようとしないものだろうか？　世界の運命が一人の男の子にかかっているのだったら、合理的に考えればそのぐらいのことはするのではないかと思う。一九九五年当時はカウンセリングや心の病などに対する社会の理解も乏しかったという事情を踏まえても、たかが一四歳の少年でしかないシンジに対して過酷すぎる環境だった。

　新劇場版は、コミュニケーションを改善している。人々がシンジを配慮し、優しいのだ。それは、「つながり」などを大事にする、新しい世代の若者たちの感覚を反映しているのかもしれない。オタクたちも、「シンジくんは僕だ」と叫んでひきこもっていた自意識過剰な『エヴァ』世代のオタクと比較し、下の世代のオタクはコミュニケーション重視だと言われている。

　そして、関係性の中で行われた一つ一つの小さなレールの切り替えが、大きな結果の違いを生む。

　なぜ自分だけが生命の危険のある最前線に行かされるのか。大人たちは安全なところにいてズルいと、当然の疑問をシンジはぶつける。『ガンダム』だったら有無を言わせず艦長のブライトがぶん殴っている場面だろう。だが、本作では、ミサトはビンタもせず、シンジの手を握り（「その手は何のためにあるの？」という『ＥＯＥ』の台詞を思い出すべきだろう）、ネルフ本部の地下の奥底にあるリリスを見せて、シンジが負けたら自分たちも死ぬのだと説明をする。この新作パートにおける「説明」は、陰謀論的な状況で疑心暗鬼になってしまったＴＶ版とは違う心理状態にシンジを導く。理由が分からず、隠されていることが、疑心暗鬼や陰謀論的な邪推を生むというのは、災害や事故などの際に我々が良く経験してきたことである。

ゲンドウがシンジを更迭しようとしたときに、ミサトがそれを止めるシーンも特筆されるべきだろう。強制はせず、ミサトはシンジの意志に委ねる。その結果、シンジは自分の意志で選択してエヴァに乗り、その自覚を強くする。

シンジの内向きの性格はどう変わっただろうか。「なんで生きてるんだ、僕は」「生きていたってしょうがないと思っていた」とシンジは呟《つぶや》く。電車で表現される内面世界で「嫌なんだよ、エヴァに乗るのが」「うまくいって当たり前、だから誰も褒めてくれない」「失敗したら嫌われる」という内心も吐露される。完璧主義で、褒めることの少ない親に育てられたアダルトチルドレンが陥りやすい状態である。自分に価値を感じず、自己尊重できないがゆえに、他者からの承認を求め、そのために常に完璧であろうとして過剰な努力をしてしまうタイプである。彼は「何かが変わるかもと思ってここに来た」と言う。「ここ」は、隠喩《いんゆ》的には、新劇場版のことでもあるだろう。

ヤシマ作戦の実行前には、ミサトが、ケンスケとトウジの応援メッセージを再生して聞かせるシーンも追加されている。「誰も褒めてくれない」と嘆くシンジに対し、ちゃんと褒めて応援する人の存在を示しているのだ。

これら、繊細なコミュニケーションやケアの差によって、シンジの内面のあり方も、対人関係も、大きく変わっていく。それが新劇場版なのである。

ヤシマ作戦の全体主義的な誘惑

新作の原画と動画で新しく作られたヤシマ作戦の部分について、少し触れておこう。使徒を倒すために、ここでは日本中から様々な電力関係の装置を集めて、皆で協力しているところが強調される。これも、シンジに皆が賭けていて、そのように期待し、力を合わせているということを強く示すためだろう。シンジに直接それが見えているわけではないが、観客にはそれが伝わる。

かつて庵野秀明は、自分の世代は戦中や戦後の復興や高度成長期や全共闘世代のような「生きる意味」を持てないと言っていた。それは、いわゆる理想や革命などの目標といった「大きな物語」のために、集団が一丸となる経験を持たない喪失感を意味している。だからこそ、人々はアトム（個人）化し、彷徨《さまよ》ってしまうし、コミュニケーションはうまくいかなくなってしまう。あるいは、コミュニケーションがうまくいかない主体だからこそ、そのような目標などを共有することで一丸となることを求めてしまう。

それは、庵野秀明たちのアニメや映画の作り方でもある。映画やアニメの制作は、同じ目標に向かって人々が一丸となる稀有な経験であり、そのために全力を絞り出す快楽というものが確かに存在している。ヤシマ作戦はそのメタファーでもある。古くは、このシーンを担当している樋口真嗣が監督した『日本沈没』（二〇〇六）の原作者である小松左京の作品を思い出すべきだろう。戦時中のように一丸となって危機に立ち向かう集団の快を、平時において追体験させることもまた、『日本沈没』的な作品の機能である。

同じ目標に向かって一丸となる快楽を喪失した生を生きている人々に、虚構を通じてその疑似体験を提供する。それがアニメやSFの一つの機能であるかもしれない。この快楽の延長線上に『EOE』で描かれた人類補完計画の、自他の境界の融解がある。その全体主義的な誘惑はヤシマ作戦にもあり、後の『シン・ゴジラ』におけるヤシオリ作戦にもある。

「大きな物語」を目指して、使命を持ち、「一丸となる」快楽こそが、庵野美学の中心の一つにある。怪獣映画や災害映画は、そのような感覚を喚起する疑似的な装置だったと言ってもいい。もはやそうした体験が現実世界において不可能になり、断片と戯れるしかない時代において、それをフィクションで描くことが可能か否かという問いこそが、『新世紀エヴァンゲリオン』の中にあったことは、改めて確認されてもいいだろう。

2『ヱヴァンゲリヲン新劇場版：破』

前向きに戦うシンジくんへの違和感

『ヱヴァンゲリヲン新劇場版：破』は二〇〇九年六月二七日に公開された。興行収入は前作『：序』の二〇億円の二倍にあたる四〇億円、『ＥＯＥ』をも超えるヒット作となった。新劇場版がこれまでの『エヴァ』とは異なっていることを明瞭に示した、重要な一作だ。人々には思いやりがあり、綾波レイなど、シンジとゲンドウを仲直りさせるためにお弁当を作るし、アスカもそれに気づいて気を遣うなど、優しさに満ちている。シンジは前向きに戦い、レイを救いすらする。青春モノ、熱血モノで、多くの観客が喝采したのはよく分かったが、その頃のぼくは捻《ひね》くれた厄介な『エヴァ』ファンだったので、このノリにケチを付け続けていた。

その頃、一歳年上のライター・飯田一史と意見が対立することがあった。飯田一史は、若者、子供の本などを意識的に調査して理解する傾向のある書き手で、『：破』に喝采する下の世代を代弁するような原稿を書いていた。同人誌『RE：EV』所収の「一四歳女子の観た新劇場版ヱヴァンゲリヲン：破」は、当時の一四歳たちに取材をして書かれた原稿で、一言で言うと、新劇場版を観ている新世代のオタクたちは、オタク趣味がメジャーなので自意識の屈託がなく、TV版や『EOE』のようなうじうじしているシンジくんはウザいと感じるようなのだ。シンジくんに感情移入し、内面のことばかり考え、社会に出なかったり、美少女に戦闘をやらせるフィクションの世界で喜んだりしているゼロ年代のオタクとは違い、実に明るくリア充な若い世代に、猛烈な嫉妬をした記憶があるが、「我々こそが特別なのだ」「あいつらは分かっていない」というしょうもない自意識も持っていたような気もする。

公開当時はそのように文句ばっかり言っていた筆者であるが、改めて観返してみると、実に良い映画で、感動させられた。劇場で上映後に拍手が起こったというのもよく分かる。身体的な快楽、快感がある、新しい『エヴァ』である。そして『シン・』の展開は、この時点からちゃんと準備されていたと解釈するべきだと思った。作品は、そのときの自分自身の理解や解釈が正しいわけでもなく、自分自身の変化や成長によって見え方が変わるという、当たり前のことを痛感させられた。

汚れなき浄化された世界か、生命に満ちたカオスか

とはいえ、新劇場版も依然として「オタク論」としての側面を持っている。その「オタク批評」的な寓意は、ゲンドウに関連して描かれることが多い。

ゲンドウは「神の理《ことわり》と敵対」している。セカンドインパクトの爆心地はCGでできた美しい幾何学的な景色で、「原罪の穢《けが》れなき浄化された世界」であるとゲンドウは言う。使徒もこれまでとは違い、幾何学的ビジュアルが強調されていた。

それに対し、冬月は「人で汚れた混沌とした世界を望むよ」と言う。ゲンドウは「カオスは人の印象に過ぎない。世界は全て調和と秩序で成り立っている」と言う。この対立こそが、新劇場版の思想である。幾何学的で浄化された清浄な世界か、人で汚れた混沌とした世界かで、後者をこそ選ぶという覚悟である。

思想が作り方に反映されるのが、庵野秀明のやり方だと繰り返してきた。それは新劇場版では、他者の意見を取り入れて「カオス」にしていくということとして現れた。「確固とした設計図をもとに『作家として、こういうテーマを描きたい』とかがあるわけではな」く、「作家性」という「感じはしない」と、氷川竜介の問いに庵野は答えている（『:破 全記録全集』）。自分のイメージではなく、スタッフや周囲の人々のイメージを取り入れる。その方が「観客にとってリアルというか、現実感が漂うんじゃないか。その上で全体的なカオスの中に監督が意図を持って、あるいは自然にコスモスができている」「『エヴァ』はそんな作り方です」（同）と述べている。冬月とゲンドウ、両者の思想を折衷したものが、庵野の新劇場版全体の作り方である。

汚れなき世界か、生命に溢れた世界かという対比は、物語としても、設定としても、『:破』に現れている。

新劇場版で追加された印象的なシーンは、赤い海を浄化しセカンドインパクト以前の生物を保存する水族館に行くところである。この「赤い海」は、TV版のセカンドインパクト後の世界における「青い海」と設定レベルから大きく変更された箇所である（TV版では、セカンドインパクトの起こった南極付近の海のみが赤かった）。水族館で、加持はシンジに言う。「本来この世界は広くて色々な生命に満ち満ちている」のだと。

セカンドインパクトで誕生した赤い海は、生命がない。生命がいるからこそ、青い海は潮の匂いがする。それを受け容れるべきか否かが新劇場版の問いなのだ。ミサトも言う。

「この世界はあなたの知らない面白いことで満ち満ちているわよ、楽しみなさい」。

結末近くで、サードインパクトが起こりかける。そこでリツコが本作の主題の一つを口にする。「この世界の理《ことわり》を超えた新たな生命の誕生。代償として古《いにしえ》の生命は滅びる」、それがサードインパクトだと。

この世界の理を超えた新たな生命とは、幾何学的で清潔な、アニメのキャラやCGなどのこととして読めないだろうか。そのような清潔な世界を理想とし、この世界そのものや他者を嫌悪する者が増えているという見解があるが、そうなれば「古の生命」たる人類は滅びてしまうかもしれない。そのような社会の感性の変動を反映させつつ、どちらを選ぶのかという問いこそが、新劇場版の主題であり、ジレンマであると言ってよい。

これは、使徒の設定が、同じ人類ではなくなったという変更とも関係している。人類は「知恵の実」を食べ、使徒は「生命の実」を食べたという風に設定が変えられているのだ。これは、後に述べる、頭脳に偏重したゲンドウの性格と関連した主張であろう。

その結論がどちらに向かうのかこそが、物語上のサスペンスの源泉であり、だからこそ『：序』『：破』『：Q』の英語サブタイトルは、それぞれ「YOU ARE (NOT) ALONE.」「YOU CAN (NOT) ADVANCE.」「YOU CAN (NOT) REDO.」と「(NOT)」を付け、どちらに決着するのか分からないように記述されている。これは『エヴァ』のサスペンス構造をダイレクトに示しているのだ。

新キャラクターのマリとは何者か

さて、『:破』から、新キャラクターのマリが現れる。物語上でも、シンジとの関係性においても、さほど有機的に絡んでいるとは言えないのに、『シン・』の結末でシンジとくっつき、一部の『エヴァ』ファンに阿鼻叫喚を起こしたヒロインである。

『シン・』公開直後に匿名掲示板を見に行ったら、「LAS」と呼ばれる、シンジとアスカがくっつく世界を想像し二次創作などを楽しむ「ラブラブ・アスカ・シンジ」派が大荒れに荒れており、「ケンスケとアスカはくっついていない」などと無理筋の解釈・考察を生み出しているのを見て、マリというヒロインがどのように機能したのかを見せつけられる思いがした。実際、『エヴァ』のキャラクター文化批判の主題からして、キャラクターに過度に依存するファンたちに敢えて突きつける意図があったと考える方がいいだろう。

マリは、『エヴァ』世界を破壊するためのキャラクターである。庵野はマリについて、このような説明をしたと、鶴巻が証言している。「『マリを登場させることによって、エヴァの世界を破壊する』ということ」であり、「マリが『破』というサブタイトルを象徴するキャラ」(『:破 全記録全集』)なのだと。そしてどのように破壊するのか、どのようなキャラなのかはなかなか定まらなかったが、どうも鶴巻が軽い気持ちで言ったアイデアなどが多く採用されたようだ（メガネを落として「メガネメガネ」と言うギャグや、胸を大きくすることなど）。

『：破』の時点で、マリが『エヴァ』世界を破壊するやり方を「シンジを寝取ってしまうことで、それまでのキャラクターの関係性を壊してしまうのか、ハチャメチャなギャグキャラとしてシリアスな世界観をぶち壊すってことなのか」と、シンジとマリがくっつくという結末のアイデアを鶴巻は既に述べている。マリの声を演じた坂本真綾の演出も鶴巻主体であったようだ。「庵野さんは前に『エヴァの登場人物は全部自分だ』という話をしていて（中略）もし、マリも彼らと同じになってしまったら、そういう世界を壊すことなんてできないでしょう」（同）と鶴巻は言っている。つまり、本作における「他者」を入れて閉じた世界を壊すことの象徴が、マリなのだ。

しかし、そのような世界を壊す外部の存在となると、庵野は、シナリオを全部知っている存在にしたがってしまったようだ。そうすると、ゼーレやカヲルにキャラが似てしまう。「この方向性だとマリを物語の外からやってきたメタフィクション少女にでもしないと、カヲルに対抗できないですよ」（同）と鶴巻は言った。実際、作品の中における機能としてはそれに近い形になった。

だから、ネットの考察でマリは安野モヨコと重ねられて解釈されがちである。とはいえ、それは少々短絡的ではなかろうか。

たしかに、結婚を契機に始まった、自分とは異なる他者と共生するという庵野自身の経験によって拓《ひら》かれた認識がマリおよび新劇場版に影響を与えたということは言いうるかもしれない。マリは、自己や自意識の外部、他者そのものの象徴だ。彼女の役割は、『式日』『キューティーハニー』の要素を『エヴァ』に入れることに近いのだ。摩砂雪は「庵野からは確か『式日』みたいにしてって言われたのかな」（同）と言っている。だから、マリと安野モヨコを重ねた解釈をしたくなる気持ちも分かるのだが、端的にそれは事実と異なっているだろう。

『安野モヨコ ANNORMAL』（二〇二〇）は安野モヨコの漫画家デビュー三〇周年記念展覧会の図録も兼ねた一冊だが、ここに所収されている庵野のメッセージや、安野モヨコ自身のインタビューなどを読む限り、安野モヨコがハニーやマリにダイレクトに似ているとは言えない。

同書で安野モヨコは自分の実家が「機能不全家族」であり、自身は「虐待されていた」、「家族のなかでずっと孤立していたので、今も人との距離感がうまくつかめない」（p294）と、率直に語っている。そうであるがゆえに安野モヨコは、過剰に気を遣い、頑張りすぎるタイプのようで、『エヴァ』世界のキャラクターで言えば、マリというよりは、アスカなど旧作からの登場人物に近い。親に否定され続けたので「自分を肯定することができなくなってしまった」（p297）、そして自己肯定にもリミッターがかかっていると言う。

安野は、二〇〇八年に体調不良で漫画の連載を休んでいる。

そのことについて、庵野はこう言っている。「その上に結婚という新たなストレスが入り込み、精神的に幼過ぎる夫の面倒で、なけなしのエネルギーを使う事になる。（中略）家の事に関して丸投げしていた事も精神的負担を大きくさせていたと思う。（中略）僕の精神的な幼さと矮小な自己愛からむしろ責めて傷つける事が何度もあった。（中略）僕が心の余裕をなくし、一方的に感情が爆発する時もあった」（p155）。

生命・身体・欲望を肯定するキャラ

新キャラクターのマリは、動物的である。実際、エヴァの操縦では「ビーストモード」を発動できる。ハニーと同じように「三百六十五歩のマーチ」を歌いながら登場し、胸の大きさを強調して描かれる彼女は、肉体や動物の生命力そのもののようであり、シンジやレイの対極であり、これまでの『エヴァ』世界にいなかった存在だ。

『エヴァ』世界になかった、「ふまじめさ」「いいかげんさ」「ずるさ」を導入することを鶴巻が提言した結果、庵野からヘンなギャグを言う「昭和のおやじ」的キャラがアウトプットされてきた。「変に自我に目覚めて、『自分の人生これでいいのか？』なんて考え込まない。かつてのエヴァが描いた自問自答し答えを探し続けるような現代的なキャラクターとは正反対のキャラを描こうとしたときに」（『：破 全記録全集』）こういうキャラが出てきたのではないかと鶴巻は推測している。

マリの脚本上の扱いは相当困ったらしいが、それでも敢えて物語上に入れる必然性は、明らかだろう。生命それ自体の肯定的側面を強調しているのだ。『キューティーハニー』のイメージメモで言えば「明るくほほえましいエッチ」、キリスト教的な原罪意識や、近代的な自意識の悩みを抱えていない存在である（ハニーと同じようにカチューシャを付けるというのは、庵野からのリクエストである）。アスカが新劇場版で「日本人」という言葉を強調することから、それは日本神話的な大らかな性の感覚と繋がりを持っているのではないかとも想像してしまう。

父に反抗しエヴァに乗らないと言って逃げたシンジの前に現れて、「エヴァに乗らないんだ」と叫ぶシンジに向かって言い放ったマリの台詞は、彼女の性格を良く表している。「エヴァに乗るかどうかなんて、そんなことで悩むやつもいるんだ」「そんなにいじけていたって何にも楽しいことないよ」。その瞬間、画面は光に溢れて真っ白になる。

マリはシンジにエヴァに乗れと言わず、むしろ「逃げなよ」と言う。逃げることを肯定するキャラクターは、『エヴァ』世界で初めてではないか。

マリは生命や人間、身体や欲望への肯定を象徴したキャラクターだ。登場人物で言えば、加持もシンジを誘って水族館を見せたり、土いじりに誘ったりするので、そちら側に近い。

マリは、新劇場版がTV版とは大きく異なる思想を持っていることを象徴するキャラクターで、ゲンドウ的な「幾何学・清潔」な世界像を望む勢力とは全く違う存在として『エヴァ』世界に現れたのである。

食事と、結婚による他者の許容

『:破』で、もう一つ、印象的な大きな違いが、食事のシーンである。たとえば、アスカとトウジの喧嘩を、シンジが弁当を差し出して止める描写がある。『美味《おい》しんぼ』か『クッキングパパ』のようだ。

アスカはレイに「生き物は生き物を食べて生きて」いるので、弁当を残すなと説教をする。同様の主張は、『シン・』の第3村で食事をしなかったシンジに対してヒカリの父からも発せられる。『エヴァ』世界における新しい思想がここにあるのだ。

レイは、料理を勉強し、ゲンドウとシンジを仲良くさせるために食事会を開こうとする。

アスカも対抗して料理をしようとするが、レイの動機がゲンドウとシンジに「ポカポカしてほしい」ということだと分かり、彼女の計画に協力する。エヴァ3号機の起動実験が食事会の日だと知って、ぶち壊しにならないように、こっそりテストパイロットに志願するのだ。他者を拒絶する存在の象徴だった綾波が、人間性や感情、愛などの感覚を持ち始めており、アスカもかつてのように敵対的ではなく、配慮をしている。そんなアスカに、綾波はお礼の電話までしている。さらには、毎日挨拶をするようになる。綾波が、社会性を持っていく、発達のプロセスを見せられているかのようである。

この新劇場版の変化には庵野の妻の存在が大きく関係している。庵野は極端な偏食であり、食事にあまり興味を持っていなかった。それが、結婚によって変わったと本人が言っている。「嫁さんの影響が大きいです。彼女のおかげで、僕自身が少し変わったところですね。それで食事のウエイトを上げてみたんです」(『:破 全記録全集』)。この食事の主題は、無機質で抽象的な方向ではなく、具体的な身体を持ってこの世に存在していることを是認する方に向かおうとする思想の現れであろう。

加持とシンジの土いじりのシーンにも庵野の結婚生活が影響しているだろう。「『序』の公開後に取材で嫁さんたちと山形へ行ったときに、久しぶりに自分で山菜採りをしてみて、『やはりこういうシチュエーションがシンジにいるな』と感じたんです」「最近鎌倉に住むようになってまた、土と接する機会が増えました。こういう経験ができるのも、嫁さんのおかげですね。心底、感謝してます」(同)。

安野モヨコ『監督不行届』などによると、安野と出会った頃の庵野は精神的に相当危険であり、生活も乱れていたらしい。それを建て直したのは安野だ。

結婚生活とは、異質な他者との共同生活である。筆者も共感する部分があるのだが、自分自身ではない存在と共同生活をするとは、その異質性を如何に許容し合うのかが肝《きも》である。自分自身の思い通りにすることは叶《かな》わないものである。理想の相手など、この世には存在しないのだ。他者には誰でも、嫌いなところはあるはずだ。自分だって、他の人間にとってはそうだろう。理想の相手でなければ付き合わない、結婚しないと考えていると、結婚はできない。この世に存在しない相手を求めるよりも、現実の生身の身体を持った相手そのものを受け容れ、許容し、忍耐する。そのような愛が必要なのであって、それはプラトニック・ラブにおける観念化した愛とは異なるものである。そのような他者との共存の感覚が、おそらくは新劇場版の内容と作り方に反映している。そしてその要素は、『シン・』で描かれるゲンドウの内面吐露へとストレートに繋がっていく。

適切な対人距離を探って

『:序』から続くもう一つの大きな変化は、コミュニケーションの改善である。

たとえば加持は、シンジの感情を慮《おもんぱか》り、ミサトの父の話をする。ミサトの父は「自分の研究、夢の中に生きる人」だったので、ミサトは憎んでいた。だが、最後に父親に助けられたのだと。シンジは、自分と同じだと感じ、ミサトが自分をある程度理解できる理由にも気づく。加持は言う。「辛いのは君だけじゃない」。

自分を天才で最強でエリートだと感じ、自分ひとりで全てをやらなければいけないと思いこんでいたアスカも、三人で力を合わせて使徒を倒した後に、自分ひとりでは勝てないと学び、孤独が辛いと実感し、シンジの部屋に行って会話をするようになる。レイたちのためにテストパイロットに志願したときにも、ミサトに雑談の電話をする。「他人といるのもいいなって思うことがあった」「誰かに話すのって心地いいのね、知らなかった」。

「ヤマアラシのジレンマ」で喩《たと》えられていた、『エヴァ』における他者との距離と関係性という主題が、大きく変化したことが分かるだろう。ヤマアラシのジレンマとは、身体にトゲのあるヤマアラシは、寄り添おうとすると互いに刺しあってしまい、傷つけてしまうという寓話である。リツコは『:序』で言う。「大人になるってことは、近づいたり離れたりを繰り返して、お互いがあまり傷つかない距離を見つけ出すってこと」。

　ＴＶ版で印象的だった、アスカとレイの会話がある。エレベーター内で一緒になったアスカとレイは、長く気まずい時間を過ごす。そして不調のアスカにレイが「心を開かなければ、エヴァは動かないわ」と言い、喧嘩になる。『：破』では同じエレベーターの構図を使いながら、別のことを言う。レイは「エヴァは心の鏡。あなたにはエヴァに乗らない幸せがある」と言う。これは観客に向けたメッセージでもあるだろう。『エヴァ』が「心の鏡」だというのは、オタク自身を映しているという意味でもあるし、そこに見出してしまうものが、解釈者の内側にあるものとなる構造になっていることの明示である。

　このようなレイの変化は、アスカの対応の変化を招く。少しの違いが、大きな結果に繋がっていく。アスカが3号機に乗った結果、ＴＶ版や漫画版のようにトウジがパイロットにならずに済み、重傷を負ったり死んだりしなくて済む。その結果、委員長であるヒカリとの子が『シン・』で生まれ、綾波（正確にはアヤナミレイ（仮称））との交流が生まれるようになり、そのアヤナミがシンジと交流し、シンジが立ち直るのだ。

「大人になる」とは

　ゲンドウとシンジの関係性も変化している。レイに食事会に誘われたゲンドウは、一度は断るが、亡くなった妻ユイの幻に説得されて、それを承諾する。

シンジの使っているSDATのウォークマンにも、昔、父が使っていたという設定が追加される。「耳を塞ぐと心も塞がるんだ。嫌な世界と触れ合わなくて済むからね」と、内面世界の電車に乗りながらシンジは言う。「これしてると父さんが嫌な世界から守ってくれると思っていたんだ」。

そのシンジに、レイが問う。「碇くんは分かろうとしたの?」。TV版からある問いが、改めて突きつけられる。

エヴァを使って反抗しネルフ本部を壊そうとしたシンジは、反抗するときに、こんなことも言う。「父さんも大切な人を失えばいいんだ。そうしたら分かるよ」。ユイは事故で命を失っており、父ゲンドウはそれを経験している。そのことを知らず、分かっていないのは、シンジの方である。親子のディスコミュニケーションの問題が意識化される演出である。

ゲンドウはシンジを呼び出し、叱る。その際、TV版になかった親心も見せる。「自分の願望はあらゆる犠牲を払い、自分の力で実現させるものだ。他人から与えられるものではない。シンジ、大人になれ」と。

「大人になれ」という呼びかけは、新劇場版の基調である。『:Q』ではアスカがそのような感情を示す。だが、このゲンドウの「大人」観もかなり幼いものであることが最終的には判明する。自分の願望を叶えるために全人類を犠牲にし、そして、息子であるシンジを犠牲にしてしまっていたのだ。その間違いにゲンドウは『シン・』で気づく。

全く自分の意志で行動しなかった『EOE』のシンジと、自分の意志が強すぎるゲンドウが対比されている。そして、ゲンドウの説教の影響を受けたのか、自分自身の願望を叶えるために、シンジが大きな犠牲を払う行動に出るのが、『:破』のラストだ。綾波を救うためにサードインパクトを起こしかけてしまい、多くの人々を犠牲にしてしまう。

息子であるシンジは、ユイに会うために全生命を犠牲にしようとした父ゲンドウの行いを、小規模に反復してしまうのである。それが（『:Q』で明らかになる）『:破』の結末である。

綾波が使徒に取り込まれてしまったとき、シンジは「世界」も「自分」もどうなってもいいから「綾波だけは」助けようとする。ミサトも叫ぶ。「行きなさいシンジくん」「あなた自身の願いのために」。

前向きになったシンジによって暴走したエヴァは、サードインパクトを起こしかける。この直前、白い霊体のようになった裸のレイとシンジが身体を重ねているシーンがあり、あたかも性行為をしているかに見える。樋口真嗣によると、途中までは「初号機と巨大なレイがくんずほぐれつエロチックな行為するとか、かなりドロンドロンな展開」（『:破　全記録全集』）が予定されていたという。

身体感覚や他者との接触が乏しかった『エヴァ』世界でそれを象徴しているレイに、食事だけではなく性行為をも（象徴的に）させる意図があったということだろう。これはマスターベーションをして「最低だ」と呟《つぶや》いていた『EOE』の性への扱いとは対極である。サードインパクトとは、神に等しくなったエヴァがその搭乗者の願望を叶えるものだ。シンジの願いは半分叶ってしまい、世界はめちゃくちゃになる。摩砂雪も言っている。「『レイを助けるためなら、人類が滅んだっていい』みたいなことを言い切っちゃってるからね（笑）」「確かにキャラが熱血になってお話は盛り上がるんだけど、冷静に考えたら、このシンジって実は利己的でただの子どもじゃんって（笑）」（同）。

思春期の少年少女にとって、性欲はもっとも重要なものだと感じられやすい。動物としての本能からして、当然だろう。深夜ラジオなどで、パーソナリティが、思春期の頃は一日中セックスのことを考えていたなどと言って笑いをとるが、多かれ少なかれ誰しもそういう側面はあるだろう。リスクも覚悟で、セックスに飛び込むときの感覚に、このパートは近い。

感情で突っ走り、一人の人間だけを救おうとしたら世界がどうなるのか、その帰結をシンジは『:Q』で突きつけられることになる。それは、『:破』の後、二〇一〇年代の日本のSNSが、感情的な動機を中心にした政治的なアクションで溢れていたことをも思い起こさせる（もちろん、ぼく自身も例外ではない。それどころか、人より激しくそれをやり、煽っていた）。

しかし、『：破』の結末は、作画や演出などの効果も相まって、そのような理性的で批判的な認識というよりは、もっとシンプルな快と肯定に満ちているようにも感じられる。このような両義性もまた、新劇場版の『エヴァ』らしさだろう。

3『ヱヴァンゲリヲン新劇場版：Q』

未知の世界への恐怖

『ヱヴァンゲリヲン新劇場版：Q』は二〇一二年一一月一七日に公開され、興行収入は五二・六億円、『：破』をも上回る大ヒットとなった。

『：破』の結末で、父の教えの示唆を受け、主体的に行動し、犠牲を厭《いと》わず願望を叶《かな》えようとしたシンジ。その結果、綾波との隠喩的なセックスまで経験した。『：Q』では、それがニアサードインパクトを起こし、世界を壊滅に近い状態に追いやったと突きつけられる。これは、主体的な行動は必要だが、綾波＝アニメキャラ＝母的なるものへの願望を充足するという単純な欲望と考えではダメなのだという、オタクの実存問題の延長で理解されるべきなのかもしれない。

またしても性への罪悪感と、他者との疎外感、ディスコミュニケーションが復活し、せっかく『：破』までに成長してきたものがリセットされ、新劇場版の行方が分からなくなる。『：破』までを絶賛していた観客の多くが戸惑い、『：Q』にネガティヴな評価を下す声も多数見受けられた。しかし、筆者としては、『：Q』は、ようやく『エヴァ』らしさが出てきた重要な作品だと感じられた。

作品は、一四年間の時間を飛ばす。目覚めたシンジは、今までの雰囲気と違うキャラクターや、新しい登場人物たちに出会う。ヴィレと呼ばれる組織やヴンダーと呼ばれる空飛ぶ船が出てきて、使徒に似ているがデザインの感覚が違う存在が現れて戦う。ネルフとヴィレは敵対し合っているようだが、その経緯は分からない。シンジと同じように、観客は「変わってしまった世界」に直面させられ、理解できないまま疎外感を募らせていく構造になっている。

その内容は、映像表現とシンクロする。ＣＧを多用した新しい文法がそれだ。

これまでの新劇場版でもCGが導入されていたが、本作で本格的にそれが前面に出てきた。ファーストカットは、遠くに何かが徐々に見えてきて、それが何なのか少しずつ明らかになってくる。その後、CGで作られた、宇宙を舞台にしたアクションが展開し、それがこれまでのセルアニメ的な文法と違うので、動体視力も必要で、どのように観ていいのか、観客は未知の状況に叩きこまれることになる。レールの上を走っていた新劇場版がついにそのレールを大きく分岐させ、未知の状況に突入したことが、映像からも明らかであり、その今までにない文法の映像を理解し解釈しなければいけないという観客の視覚的な情報処理の苦痛と困難が、一四年後の世界に移行してしまい、あまりに冷たい周囲の人々の態度が理解できないシンジの立場の戸惑いとシンクロするように作られている。筆者は、この未知の映像に興奮し、ようやく『エヴァ』が新しい次元に突入してくれたと当時劇場で喝采した。

シンジは「急にこんなことになってってわけわかんない」「わけわからなくて怖いんだ」と叫ぶが、このシンジの心境に観客はシンクロするようになっている。映像レベル、設定レベルなどで、これを経験させることが、『:Q』の狙いであり、新劇場版の行方にQuestionを付けるという四部作の構成になっているのだ。

東日本大震災の寓話として

世界が突然変わってしまった感覚。急にわけのわからない世界に突入してしまった恐怖。それは、東日本大震災後に、ぼく自身も感じていたことだった。

『:Q』の感覚は、東日本大震災後の日本を生きる感触をも体現しているように思った。『エヴァ』は時代とシンクロし、ライブ感を重視してきた作品であるので、東日本大震災ともシンクロしたのではないかと推測される。実際の『:Q』の内容が『:破』での予告編とは全く異なる内容になっていることや、様々な証言から、脚本の大きな変更があったらしいと考えられるが、震災の影響がどこにどのように及んでいるのかは資料が少なく定かではない。

震災後に、ぼくはこのようなことを感じた。日本は、科学技術立国で、右肩上がりになっていくと、若い頃は、本気で思っていた。人類はもうすぐ宇宙にまで到達するし、科学は世界の全てを解き明かすだろうと感じていた。科学や技術、工業は、日本の誇りであり、おそらくぼくの誇りでもあったのだろう。八〇年代は、ジャパン・アズ・ナンバーワンと呼ばれ、日本製の家電が世界を席巻していた。ぼくの父は、そのような会社の一員だった。

原子力は（手塚治虫の意図に反して）『鉄腕アトム』に象徴される、輝かしい未来の象徴だった。福島第一原発のある福島県の双葉町が看板で大々的に「原子力明るい未来のエネルギー」という標語を掲げていたが、それをある程度信じていた。「安全神話」というものもあった。日本の科学力、技術力を信じていた。

　それが、原発はメルトダウンを起こし、土地は放射性物質に汚染され、人々はそこに住めなくなり、避難し、情報は隠されていく。後から明らかになる杜撰《ずさん》な実態の数々。これまで信じていた世界、希望、未来、そのようなものが崩れ、その裏側にある世界が露呈してくるような気がした。今まで信じさせられていたことは何だったのか。非核三原則でノーベル平和賞を受賞した国だったのに、核兵器の持ち込みをさせていたというニュースなど、次々とセルフイメージ、ナショナルイメージが崩れていく。全く違う世界に急になってしまって「わけわかんない」し「怖」かった。

『：序』のヤシマ作戦で電力を扱い、『日本沈没』的に、科学や技術の力を肯定的に描いてきたSF作家としての庵野秀明や樋口真嗣たちもまた、似たような衝撃を受けたのではないかと想像する。

　筆者は、SFのジャンルでデビューし、活動していたが、東日本大震災と福島第一原発の事故によって、SFが振りまいてきたメッセージには現実や実態に即していないものが多くあり、それがこのような事態に帰結する原因の一つになったのではないかという罪の意識を感じた。実際、電力会社や電機メーカーは、SF作家に破格の原稿料で執筆依頼し、原発プロパガンダに抱き込んでいた。父親が電力関係の仕事をしており、原子力発電所の見学に行っていたことなども、罪悪感の大きな原因となったのだろう。自身が育った環境は、その金によって整備されていたのだ。福島でメルトダウンを起こしている原子炉は、まさしく父の会社が作ったものだった。

これまで自分が楽しんできた怪獣映画やスペクタクル映画のような光景が現実に展開すると、どれだけ陰惨な事態が起こるのかということを理解したことも、自身の無邪気な映像消費への反省となって襲い掛かった。一九九五年の阪神・淡路大震災で庵野秀明が感じていたことが、遅ればせながら、筆者にも痛感されたのだ。

一四年ぶりに再会したアスカは片目に眼帯を付けており、シンジにガラス越しに殴りかかる。綾波を助けたんだ、と言うシンジに、アスカは「人一人に大袈裟ね。もうそんなことに反応している余裕なんてないのよ、この世界は」と言う。それは、二万人以上が亡くなってしまった東日本大震災後の、緊急事態的な状況のことを指しているように聞こえる。地域が壊滅し、遺体が次々と海の中などから捜索されて見つかってしまう世界において、一人の生命や、個人の感情にそれほど配慮できる余裕はないという感覚がここにはある。

本作はこのような形で「外部」を取り込み、意識させるように作られていると観客に思わせる描写が、各所に仕組まれている。ニアサードインパクトで壊滅した世界には、たくさんの骨が転がっている。

『:Q』を観直すたびに、東日本大震災と福島第一原発の事故によって自分に生じた感情と思考の動きが蘇《よみがえ》ってくる。

震災後のディスコミュニケーション

『:Q』では、ディスコミュニケーションが復活している。しかし、それは必ずしも内面や性格の問題ではなく、もっと大きな社会全体のコミュニケーション不足を反映するかのような違いがある。

一四年ぶりに目を覚ましたシンジに対して、人々は説明をしない。ミサトやアスカや、新登場のサクラ（鈴原トウジの妹で、その存在自体はTV版より描写があった）がちゃんと説明していれば展開は全然違ったのだが、本作ではまた、コミュニケーション不全状態に陥っており、それが悲劇を招く。

人々がシンジとコミュニケーションしないのは、彼がニアサードインパクトを起こした存在だからであり、彼への恐れや不安が偏見ともなって、彼を疎外し、追い詰めていくのだ。差別やヘイトが蔓延した言説環境で起こる悲劇の寓話のようでもある。ゲンドウもろくに説明せず、混乱したシンジは「まだ聞きたいこととか、話したいことがいっぱいあるんだ」と言うが、その願いは叶わない。

震災後は、説明が全然なく、人々は疑心暗鬼になり、不安になった。特に福島第一原子力発電所の事故は、メルトダウンしているか否かが焦点となった。「炉心溶融」は早い時点から認めていたが、それが「メルトダウン」だと東電が認めた（その定義がちゃんとあったと判明した）のは五年後だった。放射性物質はどの程度放出され、どの程度人体に影響があるのか、人々は不安になり、情報を求めた。原子力はその軍事とも重なる性質ゆえに機密性が高く、水俣病などの公害の際にもその被害を低く見積もらせる運動が行われてきたという歴史的経緯から、当然のことながら、不信が発生する。

そして社会でも、差別や憎悪が蔓延していた。「あいつらが悪い」という構図が流通し、怒りが巻き起こっていた。偏見、憎悪、他者化、悪魔化など、社会全体を巻き込んだディスコミュニケーションは、『:破』まで積み上げてきた方向性をひっくり返さざるを得ないと作り手たちが感じるほどのものだったのではないか。過去のものにしてきたはずの、ＴＶ版のような陰謀論的な構図が社会の中で立ち上がっていき、激しく対立を掻き立てていったのだ。

やり直せるのか、否か

ニアサードインパクトで自身が起こしたことの重さに慄《おのの》いたシンジは、世界を元に戻したいという希望に基づいて行動し、またも騙され利用されてフォースインパクトを起こしかけてしまう。「槍があれば全部やり直せる、世界が救えるんだ」と彼は叫ぶが、そうはならない。善意に基づいて行った行動がネガティヴな帰結になるということを、今回も繰り返し、シンジはやる気を失ってへたり込む。

『:Q』では、シンジが「ガキ」に見えるようになっている。観客は「未知」の状況に投げ込まれたシンジに同調しながら、幼いがゆえに思いこみで暴走して周囲を余計酷いことにしていくシンジに苛立ちを隠せない周囲の人々にも共感するという、二重の状態を経験させられる。アスカは「バカシンジ」ではなく「ガキシンジ」とシンジのことを呼ぶようになる。マリすら「ちっとは世間を知りニャー」と言うほどだ。

結末で、「学習性無力感」の状態にシンジは陥る。『EOE』と同じである。彼がどうなるのかが、『シン・』のサスペンスの中心にあった。

新劇場版のテーマは、「繰り返し」である。同じことを何度も繰り返してしまう、しかし、そのときに少しでも変わることができるのかどうか。それもまた新劇場版全体のサスペンスである。

『:Q』は、シンジの感情の流れだけを見ると、鬱と罪責感と失敗の繰り返しの物語に見える。だが、そうではないメッセージもまた、カヲルとのシーンで発せられている。ここには救済の予感と、新劇場版全体のメッセージが現れている。

シンジは、これまでやったことのなかったピアノを始め、カヲルと一緒に連弾を練習する。連弾は、ウォークマンのカットと対比され、一人で閉じこもって音楽を聴いていた内閉的なこれまでのシンジとの違いが際立たされている。カヲルは「生きていくためには新しいことを始める変化も大切だ」と言う。次のやりとりは、新劇場版全体の主題を語っていよう。

「どうしたらもっとうまく弾けるのかな」とシンジは訊ねる。「うまく弾く必要はないよ。ただ気持ちの良い音を出せばいい」とカヲルは答える。「じゃあもっといい音を出したいんだけど、どうすればいい」とシンジに訊かれ、カヲルはこう答える。「反復練習さ。同じことを何度も繰り返す。自分がいいなって感じられるまでね」。

次作『シン・エヴァンゲリオン劇場版𝄇』のタイトル末尾の「𝄇」は、音楽における反復記号である。

「償えない罪はない。希望は残っているよ」とカヲルは、ニアサードインパクトで壊滅した世界を目にして落ち込むシンジに言う。クライマックスではまたしても騙されてフォースインパクトを起こしかけてしまい、地震のように地面が揺れビルが崩壊していくのを見て、シンジは「僕のせいなのか」「どうしよう」と泣く。そこでも、カヲルはこのように言う。

「魂は消えても願いと呪いはこの世界に残る。意志は情報として世界を伝い、変えていく。いつか自分自身のことも書き換えていくんだ」

これは、旧『エヴァ』が世界に与えた呪いを、書き換えようとしているのが新劇場版だという意図がダイレクトに示される台詞だ。

本作の中盤で、自分のしでかしたことを知って彷徨《さまよ》うシンジに合わせて、「嫌い」「あっち行ってて」「何もしないで」などの言葉が聞こえるという、『EOE』を反復するようなシーンがある。そしてシンジは「何もしたくない」と心を閉ざしかけてしまう。その後、カヲルの呼びかけでシンジは立ち直るのだが、ここにもまた「やり直す」ことの意図が明白に出ている。

本作でカヲルと並んで、シンジとちゃんと対話しようとした数少ない人物の一人が、冬月である。彼は言う。「世界を崩すのは造作もない。だが作り直すとなるとそうもいかん」。

人類補完計画は、カヲルによってこのように説明される。それは「古《いにしえ》の生命体を贄《にえ》にし、強制的に「進化」しようとするものだと。

既に述べたが、九〇年代からゼロ年代以降の第三次アニメブーム以降、萌えなどのキャラクター文化が発展した。進化した完璧な生命体とは、アニメのキャラクターのことではないか。それら理想の人工物としてのキャラクターが、あたかもウイルスが増殖するように日本社会に蔓延していき、それと反比例するかのように出生率は低下し、少子高齢化が加速した。アニメやゲームやネットのような清潔で清浄な世界や対人関係を望む人々が増大し、現実に生きている人々や生命は不潔で嫌なものと感じられる感性が増大していった。新劇場版には、それに対する贖罪《しょくざい》とやり直しが読みとれる。

縁がシンジを導く

シンジの救済は、カヲルによって予告されている。カヲルは死ぬ前に言う。「縁が君を導くだろう」と。

『新世紀エヴァンゲリオン』のタイトル「エヴァンゲリオン」とは「福音」を意味するキリスト教の用語だ。アダムやリリスも『聖書』に由来する。

しかしここで登場する「縁」という言葉は、仏教用語である。縁（縁起）とは、因果関係の連鎖や、人と人との繋がり、関係性や関わり合いのことだ。この「縁」という言葉の登場は、新劇場版の思想と、その背景にあると推測される宗教的な価値観をも示唆している。『:破』から、コミュニケーションやこのような繋がりが世界に影響を与えて連鎖していくさまが丁寧に描かれており、縁起思想の視覚化という側面もあったことに気づかされる。

シンジは、縁によって、自力ではなく、他力で救済される。このカヲルのメッセージは、『シン・』の内容を先取りしており、『:序』『:破』から描いてきたことの延長線上に『:Q』もあることを明確に示している。

一つ一つの小さなやりとり、関係性、それらの複雑な因果関係の連鎖の果てに、大きく運命が変わっていく。他者こそが自身を救う。カヲルとシンジの二人の連弾や、ダブルエントリーで（カヲルとシンジの二人で）操縦するエヴァ13号機もその可視化された表現だ。それは複数の監督のみならず、多くの人々と作り上げる集団芸術である『エヴァ』の作り方のメタファーにして、他者との共生の寓話でもあろう。

4 『シン・ゴジラ』

『:Q』の後、庵野秀明は鬱を患った。二〇一五年四月一日付けの「『シン・エヴァンゲリオン劇場版』及びゴジラ新作映画に関する庵野秀明のコメント」で、庵野はこのように語っている。

「2012年12月。エヴァ:Qの公開後、僕は壊れました。/所謂、鬱状態となりました。/6年間、自分の魂を削って再びエヴァを作っていた事への、当然の報いでした。/明けた2013年。その一年間は精神的な負の波が何度も揺れ戻してくる年でした。自分が代表を務め、自分が作品を背負っているスタジオにただの1度も近づく事が出来ませんでした。/他者や世間との関係性がおかしくなり、まるで回復しない疲労困憊も手伝って、ズブズブと精神的な不安定感に取り込まれていきました。/その間、様々な方々に迷惑をかけました。/が、妻や友人らの御蔭で、この世に留まる事が出来、宮崎駿氏に頼まれた声の仕事がアニメ制作へのしがみつき行為として機能した事や、友人らが僕のアニメファンの源になっていた作品の新作をその時期に作っていてくれた御蔭で、アニメーションから心が離れずにすみました。友人が続けている戦隊シリーズも、特撮ファンとしての心の支えになっていました」

実際に『：Ｑ』のシンジのような心理状態に庵野秀明がなっていたようだ。

宮崎駿に頼まれた声の仕事とは、『風立ちぬ』（二〇一三）のことである。『風立ちぬ』は、ゼロ戦の設計者である堀越二郎を主人公のモデルにしており、飛行機という好きなものにばかりハマり、夢を追い続けた男が国を滅ぼした（と言われてしまう）話である。オタクが好きなことをやっていった結果、国家を壊滅させてしまったという物語内容には、『：Ｑ』と近い悔恨の念を感じる。

『シン・エヴァンゲリオン劇場版𝄇』の作業を中断し、庵野は『シン・ゴジラ』の総監督・脚本を務めた。「現実《ニッポン》対虚構《ゴジラ》。」をキャッチコピーにした本作は、『シン・エヴァ』に至る庵野秀明の軌跡にとって、主題や内容レベルでも、撮影レベルでも、とても重要な一作である。『キューティーハニー』で試みた、アニメと実写の融合の手法が、本作で実を結んだとも言えるからだ。実写をベースにしてアニメやＣＧの方法論を持ち込んだ『シン・ゴジラ』と、アニメとＣＧをベースにして実写の方法論を持ち込んだ『シン・エヴァ』とは見事に対になる作品として考えるべきで、この手法抜きに『シン・エヴァ』を理解することはできないし、「虚構と現実」の関係を考え続けそれを映像や物語として提示してきた旧『エヴァ』以降、『シン・エヴァ』で辿り着いた結論の意味も、東日本大震災のショックからの立ち直りの意味も分かりにくいだろう。

そのため、ここでは駆け足ではあるが、『シン・ゴジラ』について言及していくことにする。なお、筆者は『シン・ゴジラ論』(作品社)も書いているので、詳しく知りたい読者の方は、そちらをお読みいただければ幸いである。

ニュータイプの日本浪漫派

『シン・ゴジラ』は二〇一六年七月二九日に公開された。日本製作の『ゴジラ』としては一二年ぶりの新作で、『ゴジラ』映画史上最大の、日本興行収入八二・五億円を上げた。

東日本大震災後に作られた怪獣映画でもあり、本作では津波や原発の象徴としてゴジラが登場している。本多猪四郎の『ゴジラ』(一九五四)の場合は、戦争と核兵器の象徴としてゴジラが現れたが、その原義に戻り、現代化した作品だと言えるだろう。本作は、作品の中盤までは絶望的な展開をするが、後半ではオタク的な登場人物たちが力を合わせ、日本を救うという内容になっている。このことには様々な議論が起こったが、今は省略し、庵野秀明の震災のショックからの立ち直りの軌跡の中にその物語構造を位置づけるに留めておこう。

前半では、東日本大震災の津波、原発事故などを思わせる映像や造形が次々と現れる

(序盤のゴジラは津波のように地面を這ってくるし、ゴジラは放射性物質を撒き散らすし、さらに物語の最後には福島第一原発と同じように冷温停止される)。多くの観客は、そのリアリティに、トラウマを喚起させられ、フラッシュバックのように本映画を体験しただろう。少なくとも、ぼくはそうであった。

特に、ゴジラが東京を壊滅させていくときの絶望感は、震災のときの気持ちを強く思い起こさせた。原発がメルトダウンすれば、関東に人が住めなくなるかもしれないとすら囁《ささや》かれていたあの頃に、頭の中によぎった想像(虚構)としての東京壊滅の有様が、ゴジラの形をとって具現化されているように感じた。

初めて観たときのぼくは、あのまま東京が壊滅していってほしかった。甘美で崇高な破壊に身を委ねたいと思った。ぼく自身も鬱の状態で、ひたすら後ろ向きで、破滅や自滅の怠惰で甘美な魅力に負けていたのだ。

だから、後半の、オタク的な人々(主人公の矢口を事務局長とした巨大不明生物特設災害対策本部、巨災対のメンバーはこう呼んで差しつかえないだろう)が結束して日本を守る展開が当時は苦手だった。そこには、個を失って人々が一体化しようとする全体主義の欲望がある、非常に国策的なプロパガンダ映画であると、当時の自分は罵ってすらいる。今はもう少し違うニュアンスの感想を抱いているが、自分が四年前に書いた『シン・ゴジラ論』にはこうある。

「『シン・ゴジラ』は映像の快楽で酔わせ、『個』や『虚構と現実』が融解しているかのような錯覚に陥らせる」(p219)、「ウルトラ・ナショナリズムやファシズムの熱狂的な心理・政治状態が訪れかねない」「『製造業』が強かった時代における、『強い日本』が、復古的、懐古的な、郷愁を伴ったものとして、疑似的に復活してはいないだろうか」「工業こそが、実に哀れっぽい存在として、劣等感を刺激してくる。だからこそ、妄想的に肥大化させた『日本』と『自己』を一体化させてしまいたい……。熱狂とともに一体感を得たい……。その崇高な使命の中での死も厭わない……。」(p222)。『シン・ゴジラ』は「ニュータイプの日本浪漫派」なのだ、と。

要するに、オタクとナショナリズムを結び付け、全体主義的に国家と一体感を感じようとするロマン主義ではないかと警戒しているのである。『シン・ゴジラ』のヤシオリ作戦から受ける高揚感には、『日本沈没』や『エヴァ』のヤシマ作戦で描かれてきた、工業や製造業の力を合わせて、一丸となって日本を救うという、ファシズム的な感覚が確かにある。筆者自身も、そのような感覚を非常に強く抱きやすい人間である。だからこそ否定しなければならない、と強く感じたのだ。

「復興」という生の意味

『シン・ゴジラ』の後半は、今思えば「躁的防衛」と呼ばれるものかもしれない。鬱になることから身を守るために妙にハイテンションになり続ける現象のことで、震災後の被災地における心理ケアの文章を読んでいると、たくさん報告される。百田尚樹の『海賊と呼ばれた男』（二〇一二）もこの心理に沿う作品だと言えよう。

震災という惨劇で抑鬱に沈み込みそうになった日本社会が求めた躁的防衛の感覚を、これらの作品は体現している。それは、第二次世界大戦による壊滅からの復興を行い続けた戦後の高度成長期を思い起こさせるだろう。『日本沈没』の一部には、戦争中と同じように、戦後も、集団のために命をかけて働き、生命を燃焼させることで充実感と生の意味を獲得するという側面があり、庵野たちが平和で豊かな社会においてアニメ制作の中でそれを経験してきたことは既に論じてきた。それが、平和でも豊かでもなく、復興を必要とする状態において、ストレートな復興や国家への寄与として現れるのは、当然の理だとも言えるだろう。

『シン・ゴジラ』は、虚構の中で現実を模し、トラウマを喚起させながら、後半部において前向きな姿勢を描くことによって我々のネガティヴなビジョンを上書きしようとする作品であったと言っていい。そのことにより、人々を前向きな姿勢に変えようとしたのだ。

「意志は情報として世界を伝い、変えていく。いつか自分自身のことも書き換えていく」。

　ここには日本が変わってほしいという祈願があった。庵野自身がクールジャパン関連の仕事で様々な官僚に出会い、彼らに刺激を受け、綿密な取材をして書かれたという脚本は、古臭い日本政府が壊滅し、新しい日本に生まれ変わるという内容だった。それは、ショック・ドクトリンと呼ばれるものに近い。何かの衝撃を受けたとき、それをきっかけに使って、何かを新しく生まれ変わらせようとすることだ。震災後にはそのような機運が高まり、脱原発や脱成長を謳っていた者たち、国会前に集まった者たち、クリーンエネルギーを普及させたい者たちもいたし、利益や利権を拡大させようとする者たちもいた。『シン・ゴジラ』後半で描かれるのは、そのような願いである。

　日本政府が新しくなってくれることは、ぼく自身も望む。復興でより良い世界に生まれ変わってほしいとも思っていた。しかし、「オタクの実存」問題の観点に立った場合、一体となって、国家の危機に対して奉仕するという落としどころでいいのだろうか。確かに、外部や他者、社会や歴史に対しては開かれた。しかし、それは「オタク・ナショナリズム」のような閉じた世界にならないか。二〇一〇年代からオタクたちの一部に排外主義的な傾向や、過剰な被害妄想が目立つようになり、ちょっと気になっていたこともあって、これは是認しにくかった。

そして、過労死を肯定するような傾向や、特攻を美化してしまいかねない、小松左京イズム、『宇宙戦艦ヤマト』イズムに内在する、戦前からの日本の欠点も反復しているように思われた。ブラック企業などの現実の人々の労働に与える影響を考えると、やはりそこには問題があるのではないかと感じたのだ。

オタクとナショナリズム

現在では、アニメは日本が誇る文化と見做《みな》されているが、そう変わってきたのもせいぜいここ二〇年ぐらいのことであり、それ以前は、オタク文化やアニメは、伝統的な日本文化を破壊するものと見做されてきた。

たとえば、クールジャパン政策を推進し、「ローゼン閣下」と呼ばれた元首相の麻生太郎は『とてつもない日本』（二〇〇七）の中で、このように述べている。「『団塊』『しらけ』『新人類』『おたく』などと十把一絡げにされ、伝統的な日本を破壊する『今時の若者』と嘆かれた世代の作ってきた文化に、アジアのみならず世界中が熱い眼差しを送っている」(p52)。

「おたく」が作った文化は、「伝統的な日本を破壊する」「嘆かれた世代の作ってきた文化」だった。オタク文化をクールジャパンと持ち上げた当人がこう言っていることは、忘れてはならない。ある時期以前のオタク文化は、だから、あまり日本や伝統と結びつけて考えられておらず、むしろそれを破壊する、今の言葉で言うならば「反日」的な文化と見做されていた。

九〇年代頃より、オタク文化と日本の伝統文化を結び付ける言説が目立ってきた。岡田斗司夫は『オタク学入門』で「オタクは日本文化の正統後継者である」と断言し、「粋」や「通」などの伝統的な美学を継承していると述べた。森川嘉一郎は二〇〇三年の『趣都の誕生』で、オタク文化を「外来ではない、本質的な日本文化」と述べ、第九回ヴェネチア・ビエンナーレ国際建築展・日本館で「侘《わ》び・寂《さ》び・萌《も》え」というキャッチフレーズを提示し、伝統文化との接続を強調した。これは、それまでのオタク文化への批難に対抗し、伝統や日本との連続性を強調する戦略である。

一方でオタクと伝統的な日本文化を切り離す議論も多く、大塚英志はむしろそれは「戦後民主主義」の産物だと強調する。東浩紀は『動物化するポストモダン』(二〇〇一)でアニメなどのオタク文化は「アメリカ産の材料で作られた疑似日本」だと言っている。

二〇〇〇年以降、オタクは、ナショナル・アイデンティティとの結びつきを強くしていく傾向が見られる。森川嘉一郎は、『趣都の誕生』の中で、「オタクたちはアウトサイダー」とし、ディズニーに象徴される西洋の「上位文化に対する防衛」として「変質させて従属させようと」したのだと言った。アメリカという強い文化に負けたが、それを日本流に変質し従属させる、その手つきにおいて「日本文化」を継承しているというのだ。外来の意匠を日本流にしていくことが日本文化である、という文化論の構造をそのまま使っている。

「弱者」「敗者」の文化であるという自己認識は、バブル崩壊後の自信を喪失した日本にフィットしたのだろう。森川の言う「侘び・寂び・萌え」という美学は、弱いもの、劣ったもの、輝いていないものへの愛好、愛惜の情という共通性を持っている。このロジックは、必然的に「オタク＝弱者＝日本」という心理的な近接性で結びついたアイデンティティを形成する。か弱く儚《はかな》い「萌え」のキャラクターたちは、オタクの欲望の対象であるだけでなく、自己投影の自画像でもあっただろう。そこで「萌え絵」を守ることは、日本を守ること、オタクを守ることと心理的に重なり合い、「ポリコレ」や「フェミニズム」から の文化侵略に対抗するレジスタンスという意識を強くするようにまで機能しかねない。大衆化しメジャー化したポップカルチャーの愛好家という意味の「オタク」とも、本書が論じてきた「オタク」ともまた違う、新しいタイプのオタク観が現在では広がっている。

庵野秀明も「日本人」という言葉を多用する。オタクとは「内向的で閉じこもりやすい人たち」であり、従って世界に目を向けるのではなく、自国の文化に対しても内向きになっていきやすい傾向があるのだと推測される。しかしながら庵野の『エヴァ』でのメッセージは、閉じこもらず外に開けというものである。これはどのような関係になっているのだろうか。

大島渚との対談で、庵野はこう言っている。「日本人というのはそういう特殊な民族でいいと思うんですけど、特殊だからこその特殊性を何か形にしたい」「日本というものをある程度総括できれば、それはヨーロッパなり海外に通用するんじゃないでしょうか」(『ユリイカ』二〇〇〇年一月号p72)。世界の存在を意識し、そこで戦うためにこそ、日本の特殊性に拘《こだわ》る。内側に向かい続けることによって外に開くとでもいうような考え方を、庵野が行っていることは記しておくべきだろう。

アニメ的な実写映画

庵野秀明は、映像表現そのもので思想を表現する。『シン・ゴジラ』もまた「虚構と現実」を主題にした作品であり、そこには「オタクの実存」の問いも内在しているが、映像表現のレベルでもこの問いは反映されている。

本作における両者の混淆《こんこう》は、実写映画であるが、アニメ的な作り方をするという手法によって実現される。

本作ではプリヴィズという手法が導入されている。プリヴィズとは、実写を撮影する前に、CGなどを使ってあらかじめ映画全体分の見本のような映像を作っておくことだ。その時点で構図やカット割りなどはかなりの部分決まってくる。後から、そこに実写を当てはめ、CGなどを付け加えていく形で『シン・ゴジラ』は撮られた。役者の演技を優先し、あまりカットを割らないという日本映画の基本的な撮り方とは異質な撮影方法が採用されている。

『キューティーハニー』のときのように、役者にマンガ・アニメ的な動きをさせることや、ギャグに振り切る方向は抑制されている。基調はむしろ実写的なリアリズムであり、そのために官僚を綿密に取材している。『キューティーハニー』のように、アニメやCGや着ぐるみなどの「異質」な水準の映像を同居させ衝突させ、違和感の妙味を感じさせるキッチュな方向性ではなく、CGで作られたゴジラや壊れるビルなども実写に寄せ、違和感を生かしつつ、馴染《なじ》むように作られている。

水準の違う映像を衝突させるという試みは別の形で継続されており、映画用カメラ以外に、TVの画面を模した映像、スマホで撮られた映像、ニコニコ動画風の映像など、様々な解像度と撮影方法の映像が衝突し異質性が醸し出される。『キューティーハニー』の際にはその必然性は薄かったが、今回は、東日本大震災をイメージソースにしている作品であるため、多くの観客たちも経験した「無数の手持ちカメラやテレビなどによる、水準の違う映像を通して震災を見る」という経験と合致し、強い臨場感と説得力を生んでいた。

怪獣映画と古神道

庵野は同じことを延々と繰り返す「閉塞」を批判していた。しかし、災害とは、同じことの繰り返しである日常を断ち切ってしまう「外部」そのものである。災害のような外部からの衝撃によってこそ、ショック・ドクトリンのように、内部が更新される。

では、災害を望むべきなのだろうか？　疑似的な災害である怪獣映画を楽しむとは、倫理的にどのような行為になるだろうか？

この問題を、『ゴジラ』の監督である本多猪四郎の経歴を見つつ、少し考えてみたい。

『ゴジラ』『空の大怪獣ラドン』『モスラ』などの作品を観れば分かるが、本多猪四郎にとって、怪獣とは自然災害のメタファーである。ゴジラは大シケと共に現れるし、ラドンは阿蘇山の噴火と重ねて描かれる。モスラは台風やダムの倒壊など水害と関連付けて描かれている。

巨大なスクリーンを用いることで、本多は巨大災害の崇高さや畏怖の感覚を再現しようとしていた。怪獣とは、自然災害の形象化（キャラクター化）されたものなのだ。

本多猪四郎は、山形県の湯殿山《ゆどのさん》注連寺の宿坊に生まれた。湯殿山は月山《がっさん》、羽黒山《はぐろさん》とともに出羽三山《でわさんざん》をなし、修験道《しゅげんどう》の聖地として有名である。そんな彼にとって、修験道に流れ込んでいる古代の神道の感覚は親しかっただろう。修験道は、自然の中で修行し、自然の力を内に取り込む宗教である。そして、古代の神道における「神」的なもの、自然のエネルギーとは、自然災害をベースにしているのではないかと思われる。

つまり、怪獣映画とは、修験道的な感覚により、自然の持っていた恐ろしい力を、映画という人間の作り出した文化の内部に取り込もうとする営みであったと再定義できないだろうか。

自然の中で修行し、その力を得て変身しようとする修験者も、外部から訪れる災害を代表とする自然の力により人間自体を更新しようとするショック・ドクトリンの実行者だと言ってもいいのかもしれない。

怪獣映画とは、「内部化された外部」であり、「平和な生活の中に闖入《ちんにゅう》する安全な災害」のようなものだ。怪獣映画自体が、災害のエネルギーを身体化し体現するジャンルであると言える。『シン・ゴジラ』において、庵野作品はそのように修験道的に変身を遂げている。

この修験道の感覚、神と自然と災害の関係にピンとこない読者も多いと思う。修験道は古神道に関係していると言われ、様々な自然災害が多発する日本列島に長い間暮らしていた人々が生み出して心の支えにしてきた感覚に近いと思われる。近代化し、科学的世界観になったと言われている日本でも、その感覚はどうやらまだ無意識レベルや文化的な古層で生きているようなのだ。

今のような科学もなく、都会に生きていたわけでもない、農耕生活をしていた日本列島の人々にとって、「自然」は「神」のように超絶的な力を持つものだった。それは、農作物や食料などを齎《もたら》してくれる恵みであると同時に、人々の生活や積み重ねを根底から無慈悲に破壊し去ってしまう災害の暴威であっただろう。

一神教のように、この世界に外在する神がこの宇宙や生命を設計し創造したと考えるのではなく、世界も生命も勝手に生まれて勝手に育っていくという内在（自然）の考え方を採るのも、そのような日本列島の環境で生き残ってきた経緯に拠る。

自然は、トトロのような優しさと、ゴジラのような畏《おそ》ろしさの二面性を持つ。そのような世界で生きていくためには、繰り返し続ける反復性だけではなく、変わり続ける状況に適応する柔軟性も重要になる。米作りなどの農耕では繰り返すこと、規則正しく反復することが得意な個体が生存しやすかっただろうが、災害などの緊急事態ではそうはいかない。これまで通りのやり方を逸脱した創造的な個体が必要になってくる。

日常での適応には難を抱えているが、緊急事態には強い個体がいる。強い刺激がないと脳が覚醒しにくい代わりに、緊急事態などでは落ち着き払い的確な判断ができたり、ルーチン以外のこととなると極端な能動性を発揮する者がいるのだ。被災地に何度か行って印象的だったのは、スイッチでも入ったかのように、災害後に異様な力を発揮し様々な活動を繰り広げる人たちの姿で、そこにはある種の聖性や霊的な力が宿っているようにすら思ったものである。

自然災害の象徴であるゴジラが襲来し、日本政府が新しい段階に変化していくという『シン・ゴジラ』の物語は、災害が繰り返される日本列島に生きてきた人々が必要としてきた態度と似ているように思われる。日本政府が、修験道的になっていくのだ。そしてそれと同調するように、庵野作品自体も修験道的な、自らが疑似的な自然であり災害であるかのような作品へと生成変化を遂げていく。

庵野の師匠である、宮崎駿にもこういうところがある。彼はギリギリになったときの人間の能力に「異常な関心」があると言っている。「何か、はっきりするんだ。とにかく、このハードルを越えなければいけないから、何としても、どんな手を使ってでもいいから、越えなければいけないから、妙に、アドレナリンの最後のひとしずくが出てきたりしてね」（『宮崎駿と庵野秀明』p25）。これは、戦争末期の特攻隊的な美学や、小松左京『日本沈没』の感覚とも繋がってくるだろう。

自然災害を内在化させた文化

日本人の災害への態度は、鴨長明『方丈記』の「無常観」で説明されることがある。「無常」とは「常なるものはない」という感覚だが、それは決してネガティヴな諦めだけを意味してはいない。世界は次々に移り変わっていく、根本的に流動である、それを意識して対応していくしかない、という人生観、心構えの教えでもある。それは、地震、大火、竜巻、飢饉、遷都など、大災害と大破壊と大量の死者を目にしてきた鴨長明の実感であった。

この意味での「無常」、流動的な世界に常に適応し続けなければならないという態度は、阪神・淡路大震災の後に、「閉塞」を外に開かなければいけないと感じ、それを実行した『新世紀エヴァンゲリオン』の「ライブ感」的なあり方と強くシンクロしている。阪神・淡路大震災という巨大な自然災害こそが、『新世紀エヴァンゲリオン』を覚醒させたのだと言えるかもしれない。

だとすると、新劇場版の『:Q』『シン・』、そして『シン・ゴジラ』が東日本大震災を取り込んで展開していくことにも重要な必然性があると考えられるのではないだろうか。

それは、絶えざる自然災害が起こり続ける世界で、柔軟かつ創造的に生きざるを得ない、日本列島での生のリズムが内在化された作品なのだ。その感覚は危機の中で、未知の状況でこそ覚醒するものである。

古神道では、超越的な神ではなく、内在的な自然を尊重する。一神教は、世界の外にいる唯一神がこの世界も人類も生命も設計して創造したと考えるが、古神道ではそのような世界の外側は想定せず、自然のように世界も生命も勝手に生まれてきたと考えている。だから、リズムや、生命の勢いのようなものを尊ぶし、性や欲望を肯定する傾向がある。全国各地の祭りは性的な欲望を喚起するものであるし、身体の勢いを漲《みなぎ》らせ迸《ほとばし》らせるものだ。日本神話では性的な交わりから日本列島が生まれてくる。

だが、アニメは、アニミズムという言葉と結びつきが強いにも関わらず、生命そのもの、肉体そのもの、性そのものからは遠ざかる部分がある。いわゆるエロはある。だが、潔癖症的に、身体や他者や現実や自然を忌避する傾向は確かに存在している。『新世紀エヴァンゲリオン』が描いていた世界はそうであった。新劇場版では、その傾向と戦おうとしている。そして、自然、大地、身体、欲望、性、食を肯定しようと努力しているのだ。

つまり新劇場版は、「人類補完計画」に代表される一神教的で潔癖症的で理想主義的な方向性と、神道的な肉欲的で現世肯定的な方向性との葛藤と対決の物語でもある。前者はゲンドウに代表され、後者はマリに代表される。

離人症的で身体嫌悪的で性嫌悪的な『新世紀エヴァンゲリオン』は、ゴジラではなく、マリという外部からの存在の襲撃により、『シン・エヴァンゲリオン劇場版𝄇』へと開かれていった。『シン・ゴジラ』における外部から襲来する自然としての神がゴジラであったとするならば、新劇場版においてそれに相当するマリもまた、一つの女神のような存在で、ショック・ドクトリンによって『エヴァ』世界を生まれ変わらせるのである。

外部から訪れるものは、二つの極端な顔を持っている。それは、自然＝神が二つの顔を持っていることと同じだろう。それがどちらであるかが最後まで分からないからこそ、「境界例」的に、本心を探ろうとしてしまうし、その読みとりのために注意力や集中力は冴え渡り、思考はどんどんギヤを上げていく。それは疲弊しきるが、普段の意識の状態よりも高い何かに触れる経験でもある。『エヴァ』はこのような体験を観客にさせる作品なのであり、それは自然災害を受け続けてきた日本列島の住人の深い情動に対応しているのではないかと思われるのだ。

5『シン・エヴァンゲリオン劇場版𝄇』

多くの観客が「成仏」した映画

『シン・エヴァンゲリオン劇場版𝄇』は、二〇二一年三月八日、東日本大震災から一〇年目となる日の三日前に公開された作品で、新劇場版の完結編にして、『エヴァ』シリーズ全体の（現時点での）完結編である。

本作は、新型コロナウイルスのパンデミックの影響を受けて、二度の公開延期を経て、突然公開日が発表された。筆者は公開初日のチケット予約開始日を待ちうけてネットにアクセスしたが、映画館や興行会社のホームページはすでに軒並みダウンしているという事態で、チケットが買えたのはそれなりに時間が経ってからだった。

緊急事態宣言が延長されて迎えた公開初日。月曜なのに、早朝から劇場は満席になり、初日観客動員数は五三万九六二三人と発表された。その後、公開から五九日間で興行収入は『シン・ゴジラ』を超えて庵野作品の中で最高記録を更新、観客動員は五四二万三四七五人を記録している。

初日の一〇時頃のチケットが取れた。前の回が終わって観客が出てくる。その顔は、明るくはなく、しかし絶望しているわけでもない、複雑な表情だった。これはどういう内容だろうか、ヤバいんじゃないかと不安と緊張を抱えながら、映画を観た。もはやこれは映画を楽しむという経験ではなく、果たし合いに近い何かであり、同じような武士的な佇《たたず》まいの人たちがたくさんいた。異様な緊張感の中で、上映が開始された。

アヴァンで、パリを復活させるための戦いが描かれた。そして『:Q』のラストで彷徨《さまよ》い始めたシンジやアスカたちのその後が始まった。

彼らは通称「第3村」と呼ばれる集落に辿り着き、レイが田植えをし始めた。「えっ、これってエヴァンゲリオン?」という戸惑いの中、かなり長い時間、村のシーンが続く。意表を突かれた。こんな『エヴァ』は想像していなかった。

これは賛否両論が湧くな、と思いつつ、こみあげるものを抑えきれなかった。涙を流してしまったのだ。それはぼくだけではなく、他にも多く涙を流し、鼻水を啜《すす》る音が劇場に響いていた。前半一時間ほどのところで涙を流し、その後の一時間半ずっと泣き続け鼻水を啜り続けている観客までいた。『シン・』が『エヴァ』ファンにとって、どれだけ尋常ではない映画だったのかが窺い知れるだろう。

どうしてこのような現象が起こったのだろうか? それは、『エヴァンゲリオン』は「オタクの実存」の物語であり、多くの観客は、TV版から現在までの二六年間もの時間の中での自分自身の変化と成長の軌跡と重ね合わせて観たからだ。そして、『ＥＯＥ』よりも、優しく思いやりがあるようになった内容に感動し、穏やかな地点に着地したことに安堵したのだ。

初日に観た観客たちは自発的にＳＮＳなどでのネタバレを避けて、「成仏」という言葉を使うようになった。これもまた異様な現象だが、観客たちの経験はこの一言に本当に集約されているだろう。「『エヴァ』の呪い」から解放され、悟りを開いたように成仏した観客が多かったのだ。

自然と世界と大地と他者と生命と

今までの『エヴァ』と大きく異なるのは、前半で描かれる「第3村」である。冒頭のパリ戦が終わった後、しばらくして始まる、第3村を舞台にしたAパートでは、登場人物たちが田植えをしたり、釣りをしたり、赤ちゃんと戯れたりという、これまでの『エヴァ』では全く描かれなかった内容が展開した。

ＴＶ版における第3新東京市は、平和で豊かな日本におけるアニメ業界の象徴だったが、こちらはもはや平和でも豊かでもない、貧しい環境で生き残るためのサバイバルをせざるを得ない環境である。この差に、二六年の日本社会の変化を見てとってもいいだろう。

黒いプラグスーツを着た「アヤナミレイ（仮称）」が、そのまま田植えをする場面の、シュールレアリスムのような衝撃は忘れられない。『:破』から続いて食事もキーワードになっており、レイは味噌汁すら飲む。第3村でシンジが心を閉ざしている間に、無表情で感情もない存在のメタファーであるレイは、農作業をし、人と交流することで、世界と他者と自然とに出会い、情緒を育《はぐく》んで人間らしくなっていく。まず、あいさつを覚えていき、感情も増え、表情が豊かになっていく。

『エヴァンゲリオン』は、オタクたちの実存の物語だった。幾何学的な図形や構図、機械、クリーンな塗りなどに象徴されるような世界に憧れを強く抱くタイプの人々の自意識の物語だと言っても良い。レイは、そのような大地から距離を置いた現代人の象徴のような人物だったが、その彼女が戸惑いながら、村人たちの生活に触れて、変わっていくさまは、本作の一番重要なポイントの一つだ。彼女は、自然や生命の、「閉じた世界の中で管理可能な秩序」を超えた大きさ、濃密さ、複雑さに触れていくのだ。

生命と身体と自然が、Aパートでは執拗に描かれる。妊娠した猫が子猫を出産し、妊婦が歩いており、子供たちが走り回り、トウジとヒカリの赤ん坊をレイはあやし、おたまじゃくしは泳ぎ、ペンペンたちは野性に戻った後に繁殖して増えている。赤ん坊にお乳を上げているヒカリを見て、レイが自分の胸を揉むシーンまである。

日本思想史研究者の石田一良は『日本の思想』で「日本人にとって神は人間をはじめとして、それを取り巻く動植物の生命を生産し豊富にする・目に見えぬ・神秘的な力（産霊Productive Power）である。祭りは、この産霊の力を更新・増長させる儀式であり、祭の諸儀礼はそのための呪術である」（p22）と言っている。第3村で描かれているのは、このような意味での「生産」の力であろう。それが自然や性や食と結びついているのだ。実際、ケンスケとシンジが、神社に頭を下げるシーンがある。そして、山や森や川が非常に丁寧に描かれている。

ニアサードインパクト＝震災も「悪い事ばかりではなかった」と、自身が災害を引き起こしたと思っているシンジへの慰めの言葉が掛けられる。それを乗り越えるためにトウジとヒカリは共闘し、結婚し、子供が生まれたのだ。生き物が生殖して、増えていく描写が、その言葉の説得力になる。

アスカが、レイに、綾波シリーズはシンジを好きになるようにデザインされた存在であり、感情には意味がないという旨を伝えるが、仕組まれた感情だとしても「それでいい」とレイは言う。我々人類も、生命も、遺伝子の「乗り物」としてデザインされているという説がある（リチャード・ドーキンス）。子供と触れる喜び、セックスの快楽なども、遺伝子が増えていくために我々を都合よく動かすためのデザインだと言う。進化論に触れていると良く出てくる発想であり、旧『エヴァ』のゲンドウやユイらが「進化」を研究していたことを思い出すと、この発言の含意は深い。知的に理解すれば、人間の感情も動きも、遺伝子のデザインに振り回されているだけの無意味な徒労である。だが、そうだとしても、感情や気持ちなどの実感を引き受ける、ありのままに感情を受け容れる、生命と遺伝子が発展してきたその流れを受け止めるという覚悟がこの言葉に示されているからだ。

この村で、シンジは回復していく。「なんでみんなこんなに優しいんだよ」と彼は叫ぶ。レイは「碇くんが好きだから」と答える。旧劇場版では「僕に優しくしてよ」と叫んで拒まれたことが彼を人類（ほぼ）全滅に至らせるトリガーになったが、ここでは正反対に、なぜ皆が優しいのかをシンジは嘆く。あらゆる人や物事が自分を拒絶しているのではなく、逆に優しく働きかけているという世界が描かれているのだ。そしてシンジは回復し、この村に象徴される、人々や生命を守るために戦うことを決意する。

「オタクたちの実存の物語」としての『エヴァ』の一つの結論として、これは理解しやすいメッセージ性を持っているだろう。自然、世界、大地、他者、生命に触れることで、回復せよ、ということだ。このAパートには『となりのトトロ』の画像が引用されていて、宮崎駿思想の影響も示唆されるが、富野思想との関係も考えるべきだろう。庵野もここで、大地に戻ろうとしているのである。

とはいえ、レイは「私はネルフでしか生きられない」「ここじゃ生きられない」けど「ここが好き」と言って死んでしまうし、シンジもアスカもここで働いて生活することはなく、パイロットとしての仕事に行かなくてはいけない。オタクたちは、この生活に回帰することはできず、それを愛し、外部で守るしかないとでも言うかのようだ。

東日本大震災の被災地での経験

『:破』で生命を守ろうとしていたのは加持だった。『シン・』では一四年歳をとったケンスケが、加持に似た役割を担う（だから、アスカとくっついたのだろう）。ケンスケは、L結界という生命を失わせるものの浸食から村を守っている。「いつまで保《も》つか」分からないが「ジタバタ生きるよ」と彼は言う。加持とミサトの子供をシンジに紹介し、「つらいのはお前だけじゃない。ミサトさんも苦しんでいる」と、加持と重なる台詞も言う。「土の匂い」に、シンジも加持を思い出す。作品では明示されていないが、加持がケンスケを水族館に連れて行ったことが、ケンスケの生命を守ろうとする態度に影響を与えた可能性はある。

ケンスケは、アスカとシンジと共に、自分の父の墓参りをし、手を合わせた後に、シンジに対してゲンドウと「会ってきちんと話せ」とも言う。アスカが無理だろうと言うと、

「しかし親子だ。縁は残る」と言う。

またしても「縁」だ。

第3村は、たくさんのレールが合流したり転車台があるなど、無数に交わる「縁」の場所として視覚化されている。そのように多数の人を巻き込むことは、作品の表面や物語だけではなく作り方にも徹底されていることは既に論じた通りで、様々なスタッフのアイデアを集めて本作は作られており、庵野は事務員さんにまで脚本の意見を聞いていたと言う。心理の描き方も対比的で、『:Q』ではシンジ一人の内面に焦点化し、それが弱点となっていたが、本作では多くの登場人物の多様なドラマが分かりやすく充実して描かれている。

回復したシンジは、自分の意志で行動するようになる。アスカに『:Q』で殴られかけた理由を訊ねられ、「何も決めなかったから」「責任を負いたくなかったから」と答えられるほどになる。この後のシンジは、ほとんど悟りを開いたかのような存在になり、他の人々の救済のための触媒のような働きをするようになる。ネットでは「聖人化」と呼ばれていたが、まさしくその通りだろう。彼は自分自身のことに拘るのをやめて、他者を意識し、他者の生命と幸福と救済のために動く存在になるのだ。

この変化に、東日本大震災と、そこからの復興の影響を見出すのは容易《たやす》い。この村は、仮設の風呂のあり方や、ソーラーパネルの描写などから、東日本大震災の被災地を強く想起させる。原発事故後の東北では、脱原発とクリーンエネルギーの機運が高まり、あちこちにソーラーパネルが並んでいた。

庵野秀明は、二〇一一年七月二日、三日に東日本大震災の被災地を訪れている。宮崎駿監督がNGO「ピースウィンズ・ジャパン」の要請を受けて、庵野秀明を誘い、宮城県気仙沼市と岩手県陸前高田市で『コクリコ坂から』の上映をしたのだ。

この経験は、『シン・』の第3村の描写に影響を与えているだろう。日本の村を舞台にするのみならず、生命を守ろうとすること、維持しようとすること、それらの主題系においても、この経験が影響を与えたのではないかと推測される。『シン・ゴジラ』の「シン」が「真・新」であったのみならず、「震・神」であったのと同じように、『シン・エヴァンゲリオン劇場版𝄇』もまた震災の影響を引き受けた作品なのだ。

筆者自身、震災後に何度か被災地に行き、やがて当初の絶望感が薄れていったのは、そこで生きている人々の営みや笑顔、新しく生まれた生命たちや、成長していく若者たちの姿を見たからであった。「自然」信仰とは、自然で和むということではなく、新しく生まれてくる生命の成長していく活力そのものが救いになるということを意味しているのだと、このときに感じた。だから宮崎駿作品では、あんなに活き活きと子供たちが動いているのか、と合点がいったことも覚えている。

そしてぼくも子供を作ることになった。当時は非常勤講師でしかなく、先行きに明るい見通しはなかったが、とにかく成り行きに流されて、作ってみることにした。生まれた子供は、当初は体重が増えずにどんどん衰弱していったが、一命を取り留め、今はすくすくと育っており、毎日生きているだけで楽しそうである。赤ん坊が育つのを見ていて、なるほどね、と思った。

たまに土手を散歩して、雑草が物凄い勢いで生えてくるのを見て、喜ばしく思うようになった。生命がとにかく増えていこうとする、過剰なエネルギー。それそのものへの、信頼。人類や生命が続いてきたという事実性への安心。そのようなものが、自分の心理の救いになるということが分かった。

これは、頭だけで考えていては何も分からなかった、自分は世界も生命も、その広さや強さも分かっていなかった、全然知らなかったのだと痛感した。

実写を取り入れたアニメーション

パンフレットに収録されているインタビューを読むと、『シン・ゴジラ』を作った経験が、アニメの作り方を変えたことが分かる。

これまでの新劇場版の時点で、摩砂雪監督が「要するに、庵野の考え方が実写映画方式になっていてね。とりあえず撮っといて、最後に要らないところを編集で切っちゃう」（『:破 全記録全集』）と言っていたように、アニメの定型の作り方を外して、これまでにない規格外の作り方を試みていた。

前田真宏監督は、庵野がやりたがっているのは「まず設計図がありきで、それに沿って作るのではなく、実写みたいにアニメを作ること」（『シン・』パンフレットp68）だと感じて、バーチャルカメラの使用を庵野に提案したという。前田は『マッドマックス　怒りのデスロード』（二〇一五）でこのカメラを使ったときに、「面白い。庵野さん向きかな」と思った。その成果は見事に出て、「完全に実写のような作りにはならないとしても、その中間ぐらいの『やや実写寄り』を実現していけたように思います」。

他に新しく導入されたのは、『シン・ゴジラ』でも使われたプリヴィズである。複数いる監督の一人である鶴巻和哉は、『シン・エヴァ』では「庵野さんからは『今までとは違う作り方をしたい』と提案」（同p70）があったと述べている。通常のアニメでは画コンテを先に作って作業をするのが効率的なやり方なのだが、プリヴィズを使い、後から画コンテを作るという方法論を本作は採用している。

鶴巻は実写の方法論、つまり複数撮影しておいて編集して完成というやり方を『シン・』では採用しているとも語っている。「『式日』や『キューティーハニー』は実写寄りのルールで作られていると思っています。しかし、『シン・ゴジラ』は『エヴァ』でやってきたことを実写映画でもやれるはずと考えて作った作品だったと思うんですね」「今回はその新しいスタイルをもう一度『シン・』にフィードバックしている感じなのかなと」(同p72)。

結果、「アニメと実写の中間的な3DCG」(同p70)になったが、それは大変苦労するプロセスであったようだ。しかし「まったく違うやり方を試すことで、新しい回路が開いた感じがしましたね」(同p71)。

災害の後の被災地のように、未知のやり方、未知の状況に直面することで自分たちが変わっていき、「進化」していくような創造のプロセスが、現場にも存在していたようだ。

鶴巻が「第3村」の多くを担当した。そこでは模型を作り、モーションキャプチャーで役者の芝居を撮り、それらを組み合わせていった。庵野は「自然に見える」ことを重視し、ここでは今までの『エヴァ』にない種類の芝居が意図的に描かれた。ロトスコープのように、実写を参照して描かれた場面もあると言う。興味深いのは、望遠の画面での、フレーム内への人の出入りなどで実写をベースにすることに拘ったことで、それはアニメーションとして手描きするとタイミングなどに意味が必要となってしまい、不自然になってしまうからだ。

第3村のシーンは、森や山や田んぼだけでなく、人間の描写においても「自然」であることを重視しているのだ。この「自然」は「ありのまま」と言い換えることもできる、本作で最も重要な思想だ。

その姿勢変更が象徴する、旧『エヴァ』とは異なる態度が『シン・』全編で貫かれている。旧劇場版はシンジが「だからみんな死んじゃえ」と呟《つぶや》き、自分自身と異なる他者の存在の全てを抹消する話だったが、今作はあらゆる生命を生かそうとする物語なのだ。

浄化するか、自然のまま残すか

第3村でシンジが回復し、人々を守るためにエヴァに乗って最終決戦をすると決意した後に、ヴンダーに戻って、ネルフとの最終決戦が始まる。ミサトはそれを「カオスにケリをつける」と表現する。この後、様々な設定の謎について明かされる。

ヴィレとは加持が作った組織で、「生命の種の保存・保護・多様な生命体を自然のまま残す」ことを目指していたのだと説明される。第3村などに資源を流通させているのも、ヴィレである。

この「自然のまま残す」という態度は、人工的に人類を進化させようとする「人類補完計画」と相容れないものであり、だからネルフとヴィレは対立していたのだ。

ニアサードインパクトで発生した「L結界」はCGで幾何学的に描かれている。「L結界」とは何か、詳しい説明はないが、どうもLIFEを拒むようだ。それは「原罪の汚れを拒む」と冬月は説明する。

セカンドインパクトは「海の浄化」を、サードインパクトは「大地の浄化」を行い、フォースインパクトは「魂の浄化」を行おうとしているらしい。リツコはそれを「古《いにしえ》の生命のコモディティ化」と表現する。それは「集合知を汚れなき楽園に誘う」ものだ。

古の生命とは、肉体を持った生命のことで、浄化され汚れがなくなった存在とはアニメなどの世界の比喩《ひゆ》とも言えよう。魂が浄化された結果、現れるのは「穢《けが》れなき魂」を持ったアドバンスド・アヤナミである。のちに「エヴァンゲリオン・イマジナリー」という巨大なレイが登場し、理想的な女性の裸の身体を持つ首のない大量のキャラクターが画面に溢れ、津波のように街を呑み込み、第3村を襲い、堤防に当たったかのように空高く打ちあがる。サードインパクト＝第三次アニメブームとキャラクター産業の蔓延を、東日本大震災の津波と隠喩《いんゆ》的に重ねて表現していると思しい。

人と使徒の差も明確になる。「知恵の実」を食べたのが人類で、「生命の実」を食べたのが使徒であり、知性と身体の分裂こそが、新劇場版ではこの両者の差として主題となっている。

なぜゲンドウは「人類補完計画」を目指すのか

かつては、オタクの実存の問題は、シンジに担わされていた。庵野秀明の私小説的な葛藤や観客の代理をシンジは担い、同時に、エヴァに乗ることが、『エヴァ』を作ることとも重ねられていた。だが、本作では実存の問題を担わされるのは、シンジの父のゲンドウである。

ゲンドウは、世界も生命も浄化し、進化させようとしている。ゲンドウの人類補完計画が実現すれば、人と人の差異も、差別も貧困もない世界が訪れる。彼の行おうとしていることは、極端に現実や人間を否定する理想主義者の考えに似ている。これには歴史的に大量の死者を生んだ急進的な独裁者を思い起こさせられる。

ゲンドウは「この世の理を超えた情報」に触れようとしている。そしてエヴァ13号機に乗って「イマジナリー」な「裏宇宙」に行ってしまう。これらは、「i」の世界、つまり、アニメの世界であり、理想の世界である。

彼は人類を「虚構と現実を等しく信じる生き物」と呼び、「虚構と現実が溶け合う。すべてが同一の情報と化す」ように「世界を書き換える」のだという。彼は「神を殺し、神と人類を紡ぐ」「儀式」をしようとしている。虚構と現実を、虚構寄りに重ねてしまおうとしているのがゲンドウだと言っても良い。

「虚構と現実」の重なりという感覚は、AR（拡張現実）や聖地巡礼などで、よく見られるものであり、リオデジャネイロオリンピック閉会式などでも演出に採用されていた。アニメやゲームに馴染《なじ》んだ人々にとっては、現実の世界がそうなってしまえばいいのにというのは、抱きがちな願望であるだろう。ぼくだってそう思うときがある。『シン・』はその願望に介入しようとした作品だと言える。

『シン・』の見事な点は、解決が、戦いによってではなく、話し合いをもとにした共感と理解によって行われるところだ。シンジは、ミサトから「肩を叩くか、殺してあげるだけ」と「父殺し」を示唆されたにもかかわらず、父であるゲンドウと話し合いをしようとする。「父さんのことが知りたいから」とシンジが言った瞬間、ゲンドウからA.T.フィールドが出る。彼は、シンジを恐れていたのだ。

そして映画はゲンドウの内面世界に入る。『EOE』でユイが「何を望むの」と言ったシークエンスを反復し、電車の中において、ゲンドウの心理が描かれる。

ゲンドウは、「知識」において非常に優れた少年だった。だが、彼は「人とのつながりを恐れた」。他者は不可解で流動的でよく分からないものなので、苦手としていた。彼はよく疎外された。京大を出て優れた理系の研究者になった彼は、人づきあいが苦手だった。他人は「不条理で不完全で理不尽」で「そのときそのときで違うことを言う」。ウォークマンは「他人のノイズから私を守ってくれた」。知識やシステムは裏切ることがないから好きだった。

だから「人類補完計画」をしようとしたのだ。

高知能ギフテッドたちの家族の物語

ぼくの目には、ゲンドウは自閉症スペクトラム傾向のある知的ギフテッドに見える。ギフテッドとは、特異な高い能力を持つ者のことだ。

シンジは、アムロやカミーユのような、「自閉症」的な人物にインスパイアされた人物だが、彼らの両親も理系の科学者・技術者が多かった。おそらく、ゲンドウと似た特性を持っているのではないかと思われる。

水島広子『「毒親」の正体　精神科医の診察室から』(二〇一八)によると、いわゆるアダルトチルドレンの原因となる「毒親」は、発達障害の傾向を持っていることが多い。『ガンダム』や『エヴァ』におけるアダルトチルドレンたちの物語とは、科学技術立国において社会的な適応が高く、社会的地位も高くなりがちであった自閉症スペクトラム傾向のある知的ギフテッドに近い親の元で育ち、自身もその遺伝子と特性を継いだ者の実存的な苦悩の物語という側面があったのではないか。もっと言い換えてしまえば、『ガンダム』

や『エヴァ』で描かれた「オタクたち」とは、科学技術立国化による大きな変化を蒙《こうむ》った社会と家族の元で育った子供たちのことでもある。「オタクたちの実存の物語」が戦後日本社会論になるとは、そのような意味である。

オタク文化のある側面には、科学技術に適応能力が高い発達の特性を持った主体たちの実存的な葛藤を担うマイノリティ文化という部分がある。その社会や家族の問題、魂の叫びなどが、アニメーションという形を採って現れたのだ。これこそが、日本のオタク文化における、単なるポップカルチャーではない、特筆されるべき重要な部分なのではないか。

戦後日本が科学技術立国になった結果、理系的な、あるいは、自閉症スペクトラム的な特性を持った人物が活躍し、社会的に評価され、権威と権力を持つようになった。六〇年代は『鉄腕アトム』が象徴していると見做される「科学による明るい未来」の時代だった。だが、その子供の世代である八〇年代は、『風の谷のナウシカ』『ＡＫＩＲＡ』に典型的なように、科学への反抗が目立つようになった。そこには、科学者・技術者としての上の世代の抱える人格的な問題についての、鋭い告発すらあった。このような人格的な問題を抱えた人々を重用し、権力と権威を与え、その子供や家族を犠牲にするのならば、高度成長も、科学技術も、それによって実現する平和も豊かさも、犠牲にされた子供にとっては欺《ぎ》瞞《まん》的で、この世からなくなってしまえばいいと思うのは当然である。

筆者の父も、そういう人間だった。科学と技術に希望を託し、知能は高く、戦後日本の国家の発展を担ってきたが、人格的に問題のある人だった。その人格的な問題は、ぼくにも受け継がれているのだが。

ゲンドウの内面を知ることで、シンジは「僕と同じだったんだ」と気づく。人類補完計画の個人的なもう一つの動機は、ゲンドウがユイと再会することであった。しかし、ゲンドウはどうして、世界を犠牲にしてまでそんなことをしようとしたのか。

自分は孤独で、愛を知らなかった。だが、ウォークマンは、「ユイと出会い、必要がなくなった」のだと彼は言う。彼女が「ありのままの私を受け容れてくれた」からだ。だから、「ただ、ユイのそばにいることで、自分を変えたかった」。

シンジは「その弱さを認めなかったからだと思う」「ずっと分かっていたんだろう？」と言う。ゲンドウは、顔を覆って俯《うつむ》いている。

ゲンドウが間違いに気がつくのは、自分が距離を置いてきた息子の中に、妻であるユイを発見したことによる。子供は、自分に対する罰だと感じていたので「子供と会わない」選択をしたゲンドウは、「すまなかったなシンジ」と抱きしめる。そしてユイが「そこにいた」ことに気づく。

これは、遺伝などによる面影の発見のような話だ。人類を補完などしなくても、求めているものは、自分が拒絶してきたものの中にあったのだ。

このシーンを担当した前田は、ゲンドウがアニメの作り手たちとも重なるところがあると述べている。「すべてのものを投げ打って生きている。それは自分自身とも被るところがあります。だからこそ、安易にこの男を許してはいけないと思いました」（『シン・』パンフレットp67）。それは庵野のことでもある。「仕事をしていると、不幸な自分を忘れることができる」（『宮崎駿と庵野秀明』p24）。

「渚指令」とは一体何だったのか

結末近くで、加持が「渚指令」とカヲルに呼びかけるシーンがある。本来ならゲンドウが座っている席に、カヲルがいるのだ。渚カヲルが何者なのか、新劇場版四部作だけを観た者には全く意味が分からないだろう。

作中の設定としては、カヲルはTV版においてはフィフスチルドレン（五人目のエヴァパイロット）であり、第十七使徒であった。新劇場版では、第一使徒であり、第十三使徒である。

しかし、明らかにそれ以上の意味がある。『シン・』の描写からは、カヲルは何度も何度も時間をループしてシンジを幸福にしようとしている人物であるかのようにも見える。

もっと象徴的なレベルとしては、彼は「父」である。『EOE』のクライマックス近く、シンジが「夢」を拒絶するシーンで、綾波とカヲルが対になって登場する場面がある。綾波レイは母親のクローンであった。それと対になって登場する人物は、父親と何がしかの関係を持っているのではないかと推測される（これを根拠にして、カヲルがゲンドウのコピーであるという説もあった）。

『EOE』で、ゲンドウは第一使徒であるアダムを手に取り込んでおり、それが綾波に吸収された後に、巨大綾波になり、同時に巨大カヲルにもなる。だから、カヲルは第一使徒のアダムでもあるのではないかとも推測される。

このような、父と母との象徴性について、『スキゾ・エヴァンゲリオン』（一九九七）で庵野はこう説明していた。

「（村上龍『愛と幻想のファシズム』は）父親を殺して母親を犯すというエディプス・コンプレックスの話ですけれど、僕もこれ（『エヴァ』）をスタートする時同じだなと思った。シンジが父親を殺して、母親を寝取る話ですから」「ロボット――ということで置き換えることはしたけれど、オリジナルな母親はロボットで、同年代の母親として綾波レイが横にいる。実際の父親も横にいる。全体の流れをつかさどるアダムがもう一人の父としてそこにいるんです。そういう多重構造の中でのエディプス・コンプレックスなんですよ。やり

たいのはそこだった」(p86)

アダムは「もう一人の父」である。新劇場版で、カヲルは第一の使徒と設定されており、アダムだとは断言できないが、それに近い存在だろうと推測させられる。

『シン・』で、シンジは「カヲルくんは父さんと似ているんだ。だから、同じエヴァに乗っていたんだね」と言う。ゲンドウにはピアノが好きという設定が新たに加えられている。『:Q』での二人の連弾のシーンを思い出してもいいだろう。そしてカヲルとゲンドウは、同じ13号機を操縦している。

だから、「渚指令」とは、ゲンドウとカヲルの重ね合わせを示唆するためのシーンだと理解するのが良いのではないか。

綾波レイが一四歳の姿をとった理想的「母」の役割だったのと同じように、カヲルは理想的な「父」なのである。本人を幸せにするために、メタ視点から世界を見下ろし、アドバイスし、手助けする役割を新劇場版四部作でのカヲルは担っている。「人類補完計画」に夢中なゲンドウにはなかった、ポジティヴな父性を表現する役割が、加持とカヲルに担わされている。三人の「父」において、ゲンドウは絶望を象徴し、カヲルは超越的な視線としてシンジを見守る希望を象徴し、加持は地上の生命を生かすために這いずり回るという対比がある。

『エヴァ』世界は、このような「多重のエディプス・コンプレックス」構造を、象徴も含めた様々なレベルで繰り広げている。とすれば、『シン・』が様々なレベルで家族や親子、生命や継承の主題を描いているのは、TV版からの必然であったと理解することもできる。

絶望でも希望でもなく

ゲンドウの乗る13号機とシンジの乗る初号機は、対称的な動きをする。13号機は「絶望」であり初号機は「希望」である。それが「同じ」だと言うのは、どういうことなのだろうか。

本作には槍が複数出てくる。ロンギヌスは「絶望」の槍だと説明され、カシウスは「希望」の槍だと言われる。だが最終的に使われるのはガイウスで、「ありのまま」の槍であり、人類の知恵と意志が作り出したものだ。それはミサトたちが作り、マリが持っていってシンジに渡し、ファイナルインパクトが起こる。「絶望」と「希望」ではなく、「大地」を連想させる響きの名の槍が選ばれ、世界を変えたり時間を戻すのではなく、「ありのまま」「自然」を残すことをシンジは選択する。

ミサトたちは「神に屈した絶望のリセット」ではなく「希望のコンティニューを望む」と言い、「人の思いでは何も変わらんさ」というゲンドウの絶望と対比されていた。なぜ、希望がダメなのかについては、冬月が説明している。「希望という病に縋《すが》る」のも人類だからだ。希望を、アニメや理想社会の実現と言い換えてもいいだろう。この三つの槍の差は、前述の三種類の「父性」の違いにも相当している。

どちらも拒否し、自然やありのままを肯定するという思想あってこその第3村であり、結末における実写パートである。

結末で、映画は、突然、実写背景になり、庵野秀明の故郷にある宇部新川駅が現れる。大人になったシンジとマリは、どうも付き合っているらしいイチャイチャした絡みを見せた後に、階段を駆け上がり、駅から外に出ていく。画面は空中からそれを撮影し、街の全景を映していく。レールから外れ、自由になり、開かれた外の世界、現実世界に出ていこうというメッセージであろうか。

「現実に帰れ」というメッセージはTV版、『EOE』と変わっていないが、より優しくなり、世界を終わらせるのではなく、この繊細で壊れやすい世界と生命を大事にするというメッセージが付け加わっているのが大きな変化だ。

「ありのまま」を選ぶこと

この箇所は、「虚構と現実」を重ねたいと思うタイプのオタクに対する教育的なメッセージだと理解するといいだろう。シンジが最終的に書き換えて実現させたのは「人が生きていける世界」である。観客たちは、この自分たちが生きている現実世界が、『エヴァ』の登場人物たちが頑張った結果、守り抜いて実現させた世界のようにも感じられるだろう。そこには『エヴァ』のキャラたちもいるかもしれないという想像も誘われる。そのように感じさせることで、「虚構と現実」の一体化の落としどころを用意したのが、『シン・』なのである。

観念的で現実否定的な理想を実現することではなく、不完全で猥雑なこの世界そのものを肯定することを選ぶこと。様々な生命が生まれ続けている不確定で流動的で未知なこの世界を丸々肯定しようとする覚悟。そこに至った点が、旧『エヴァ』との大きな違いであり、その「ありのまま」の態度こそが、登場人物たちをも救済していく。

「あたしを見て」と承認欲求に飢え、自分ひとりで戦わなければいけないと思っていたアスカは、ケンスケに、アスカのままでいいと言われることで救われる。カヲルは、シンジを幸せにしようとしていたが、人を幸せにすることによって自分の幸せを得ようとしていた共依存の状態だったことを自覚させられる。アダルトチルドレンたちに、教科書通りの心理浄化を与える対話療法のようだ。

「ありのまま」を認めるとは、仏教の思想でもある。世界や自己や生命を、「ありのまま」

に、つまり言葉や概念に惑わされずに認識することが、仏教においては目指され、悟りの境地であると言われることがある。

本多猪四郎の故郷、山形県鶴岡市にある出羽三山神社のホームページによれば、修験道は「自然崇拝を根幹とする呪術的な日本固有の信仰（古神道）を、ありのままの自然を究極の仏の世界と捉え」るものであり、「修験道は現実をそのままを究極の真理とみる現実肯定主義である」。『シン・』にはこの修験道的なモノの見方が確かにある。

『シン・』の中では、ありのままに認めることを目指す仏教的な境地と、アダルトチルドレンの自己承認と、古神道的な自然のありのままの姿や性や身体の肯定による生産力の称揚の感覚が重なって表現されているように思われる。キリスト教的な意匠を使っているが、一神教的な物語ではなく、複数の基層的な価値観・世界観の衝突そのもののドラマであると言った方がいいだろう。「神殺し」という言葉も繰り返されるが、それは世界を外部の超越的な視点から裁き、設計図や理想像に合わせようとする一神教的な残酷さへの批判だとも理解できる。

それを、アニメという、感覚的・身体的な高揚感を生み出す側面と、身体を忌避する傾向の両方を併せ持つ表現によって表したのが『シン・』なのだ。繰り返している通り、実写とアニメとCGという表現技巧を組み合わせ「虚構と現実」の新しい混淆状態を生み出し、それと思想を相即させることでそれが実現した。

ネットで「成仏」という言葉が使われたのは、無意識かもしれないが、本書が論述してきたような宗教的な側面、仏教的な側面を的確に理解し、洒脱に表現していたのだと解釈できるだろう。大衆とは、そのような知恵を持っているものである。

オタクとして大人になる

オタクたちにとっての大人になること＝成熟の問題はどう解決したのか。対話すること、弱さを認めて言葉にすること、他者を理解し配慮すること、生命やこの世界を尊重し肯定し育《はぐく》むこと、それが大人になるということなのだろうか。

本作でゲンドウはシンジをこう褒めている。「他人の死と想いを受け取れるとは。大人になったな、シンジ」。死（あるいは「志」）と想いを受け取ることが、本作の提示する「大人」である。加持やケンスケのように、種や生態系を保存しようとすることも「大人」である。単なる自然や大地への回帰ではない、「オタクとしての成熟」がここでは描かれている。

対比として、二〇一三年に完結した貞本義行の漫画版を見てみよう。貞本版の大きな特徴の一つは、シンジが「逃げちゃダメだ」と言わず、もっとワイルドな反抗期的な態度をとることである。そしてもう一つは、こちらの方がストレートに親の愛情を感じられることである。

貞本版『エヴァ』では、ネルフ本部が戦略自衛隊に襲われた際、ゲンドウがシンジを助けに行く。そこで「エヴァになんか乗りたくない」というシンジに対する台詞が、リアルである。「またそんなことを言っているのかおまえは／今エヴァで戦えるのはおまえしかいないということに自覚を持て」。

母親の愛情もダイレクトである。ユイがシンジの側にいた理由を、彼女はこう説明する。「あなたと私の子供が／私たちの分まで未来を紡いでくれる」「あなたと私は／あの子をこの世に送り出すために出会ったのよ」「思い出して／初めてあの子に触れた時の気持ち／思い出して／あの子から感じたぬくもり／あの子から感じたいとおしさと生命の力の強さを／そして願って／〝生きろ〟と」。

貞本は男の子と女の子、二人の子供がおり、妻・たかはまこがエッセイ漫画でその生活を描いている。

『シン・』はここまでストレートではない。これは庵野と貞本との作家性の違いが反映しているのだろう。また、公表されている情報によると、庵野には子供がいないが、そのこととも関係しているのかもしれない。筆者には、加持が保存しようとしている自然や生命は、特撮の隠喩のようにも思えるのだ。

二〇一七年に庵野秀明が理事長となり「特定非営利活動法人アニメ特撮アーカイブ機構」が設立され、それが須賀川特撮アーカイブセンターなどに繋がっていく。特撮という文化、それを担う人のたちの生態系を守ることと、特に第3村に象徴される、時代遅れなアナログになってしまっていると人は言うかもしれないような何かを存続させようとする姿勢は、重なっているように感じられる。おそらく、『シン・ゴジラ』や『シン・ウルトラマン』『シン・仮面ライダー』なども、自身が関わることで、先人たちの志や想いを受け取り、発展させて、生かし続け、次世代に繋ごうとする試みでもあるのだろう。

つまり大人として他者を育む方法として、生物としてのジーン（遺伝子）を残すだけではなく、ミーム（文化的遺伝子）を継承するという手段もあるのだ。それもまた、巨大な生命の流れへの貢献である。『ＥＯＥ』の中間部にあるスタッフロールは、遺伝子の二重螺旋《らせん》になっていたが、ＴＶ版から続く、生命と遺伝子と進化の哲学は、このような帰結を迎えたのだ。

これが『シン・』で辿り着いた、「オタクとして大人になる」ことである。それは、アニメや特撮などの趣味を手放して卒業することとは違う。オタクとして、そのことは否定せず、ありのままに認めた上で、自分自身が育てるべき子供の有無にかかわらず、世界に愛情を持ち、生命を育み、長い時間の流れの一部としての振る舞いを身につけるということなのだ。特撮や文化も、いわば生態系として、準生命のように感じる感覚がここにある。最近のオタクたちは「推し」という言葉を使い、それは子供を疑似的に育てる感覚だと論じられているが（『ユリイカ』二〇二〇年九月号）、それに近い認識だろう。だから、『シン・』の結末は、『EOE』のような、オタク趣味をやめて現実に戻れ、という内容とは微妙に異なっているのだ。

『シン・』に救われなかった者たち

公開後、『シン・』に救われなかった人々の怨嗟《えんさ》の声もネットに溢れた。彼らの呪いの声を聞いていて、大変憂鬱な気分になってきた。ぼく自身、シンクロしてしまうのだ。

「そのメッセージって今のアラフォーになったオタクには残酷すぎないか？／『恋人を作れ！』『家族を持て！』『現実の幸せをつかめ！』っていくら言われても、今さら恋人や家族を作る経済力は俺にはないのよ」（はてな匿名ダイアリー「シン・エヴァで氷河期世代は救われない」）

「実存的な悩みもあったけど支えてくれる彼くんが見つかったから回復しました。わーい。うるせえ死ね！！！！！それが手にはいりゃ苦労しねえからみんな悩んだり苦しんだり創作に救いを求めてるんだろうが！！！」（小山晃弘「『キモチワルイ』シン・エヴァンゲリオン感想・考察」）

これは重いメッセージだ。しかし、そうなってしまうことが分かっていたから、『EOE』で「現実に帰れ」というメッセージが発せられていたのではないか。

ゼロ年代には、他者も、社会も、労働も、恋愛も拒絶する生き方が希求される声もよく聞き、アニメキャラと結婚するなどという生き方すら、半ばネタ、半ば本気で提案されていた。それを実行した人たちは、その後幸福になっただろうか。これは、『エヴァ』の引き起こした第三次アニメブームにおける「功罪」の「罪」の部分であろう。だからこそ、新劇場版は「贖罪《しょくざい》」を主題にしているのだと思われる。

今さらもう手遅れである、という意見についてはどうだろうか。

それへの答えも、新劇場版は織り込んである。「YOU CAN (NOT) REDO.」。あなたはやり直せる。今からでも。

そして、恋愛や結婚、家族だけが答えでもない。レイのように、そこでは生きられない者たちもいるし、この世に生を受けたからにはそれぞれの使命があるはずだ。オタク文化を愛して次世代に継ぐというような、共同体や共同性、生命の流れへの参加の仕方もある。キャラクター文化を通じた、疑似的な家族感覚ということすら、完全には否定されてはいない。そこに閉塞的に耽溺《たんでき》するのではなく、そこを通じて他者や世界に開かれていく道も存在する。『エヴァ』が提示しているのは、そのような道だ。

とにかく我々はわずかでも前に進もう。何度失敗しても、繰り返し立ち上がり、少しずつでも前に向かう意志を持つしかない。新劇場版は、観た者をそのように励まし続ける映画であろう。

不器用でも、少しずつ反復練習をしていけば、いつかきっとうまくいくようになる。シンジに起きた変化がそうであるように、救済はいつしか突然起こる。

多分、遅すぎるということはない。ヒカリが言うように、人生で今が一番若いときなのだから。

仮想現実化した社会における生命と魂の物語

『シン・』は、宮崎駿からの宿題への答えでもある。一九九八年の『宮崎駿と庵野秀明』で、宮崎は庵野にこう言っていた。

「仮想現実のほうが、現実を上回った。それが、本当に決定的になった世代だと思う」(p22)、「それをどうやって取り戻すのかという課題を、日本は、丸ごと、民族ごと背負っているんだよ。どうやって現実感を手に入れるのか、という課題だね」「どうやったら生きているることを感じられるんだろう、という問題だよな」(p23)。『シン・』は、テレビという「魔法の箱」の中に、現実よりもリアルなものを感じてしまった世代が、ここで宮崎駿が提起している課題を引き受け、回答しようとした作品だと言うことができる。庵野秀明にとっての「虚構と現実」「オタクの実存」の問いは、現時点ではここに着地した。

メディアテクノロジーの発展により、バーチャルなものに触れることが生活環境の中で当たり前になってしまった世代にとって、「生きていること」をどうやって感じ、現実感を手に入れられるのか。テレビだけでなく、ゲームやネット、スマホが当たり前にある現代の若い世代にとってはより切実な問題となっているだろう。『エヴァンゲリオン』および、「虚構と現実」の問いとして展開された庵野秀明の四半世紀近くの軌跡は、戦後日本文化論の新しい一ページを示唆する。

科学技術立国化を経て、ポストモダン化、オタク文化化、情報社会化したあとの時代を生きるわれわれは何者で、どこから来て、どこに行けばいいのかを、生命と魂の根源の部分から問い直す。そのような作品が『エヴァンゲリオン』だったのだ。

主要参考文献

庵野秀明「庵野秀明総監督『ヱヴァンゲリヲン新劇場版』所信表明」(http://eva.yahoo.co.jp/gekijou/index.html#movie 二〇二一年五月三日取得)
「エヴァンゲリオン徹底攻略」(『アニメージュ』一九九六年四月号所収、徳間書店)
「エヴァンゲリオンがつくりしモノ」(『アニメージュ』一九九六年五月号所収、徳間書店)
「勘違いの集合体 エヴァ現象」(『アエラ』一九九七年七月二八日号所収、朝日新聞社)
「庵野秀明のアニメスタイル」(『アニメスタイル』第1号〔『美術手帖』二〇〇〇年四月号増刊〕所収、美術出版社)
『ユリイカ』一九九六年八月号/特集「ジャパニメーション!」(青土社)
中森明夫「『おたく』の研究①」(『漫画ブリッコ』一九八三年六月号所収、白夜書房)
「NERV FILE」(『月刊ニュータイプ』一九九五年一一月号別冊付録、角川書店)
「宮﨑『第3弾』捜査員も思わず目をそむけた物証のビデオシーン」(『週刊読売』一九八九年九月一〇日号所収、読売新聞社)
安野モヨコ『監督不行届』(二〇〇五年、祥伝社)
岡田斗司夫『オタク学入門』(一九九六年、太田出版)
唐沢俊一×岡田斗司夫『オタク論!』(二〇〇七年、創出版)
大塚英志『「おたく」の精神史 一九八〇年代論』(二〇〇四年、講談社)
大泉実成『オタクとは何か?』(二〇一七年、草思社)

中島梓『コミュニケーション不全症候群』（一九九一年、筑摩書房）
『ユリイカ』二〇二〇年九月号特集「女オタクの現在―推しとわたし―」（青土社）
『おたくの本』（一九八九年、宝島社）
斎藤環「エヴァンゲリオン　―空虚からの同一化―」（https://note.com/tamakisaito/n/nd88150c81d60 二〇二一年五月三日取得）
阿世賀浩一郎『改訂版 エヴァンゲリオンの深層心理「自己という迷宮」』（二〇一八年、幻冬舎）
松本敏治『自閉症は津軽弁を話さない　自閉スペクトラム症のことばの謎を読み解く』（二〇二〇年、KADOKAWA）
マイケル・フィッツジェラルド『天才の秘密　アスペルガー症候群と芸術的独創性』（井上敏明、林知代他訳、二〇〇九年、世界思想社）
ジュリー・ブラウン『作家たちの秘密　自閉症スペクトラムが創作に与えた影響』（府川由美恵訳、二〇一三年、東京書籍）
ジェームス・T・ウェブ、ジャネット・L・ゴア、エドワード・R・アメンド、アーリーン・R・デヴリーズ『わが子がギフティッドかもしれないと思ったら　問題解決と飛躍のための実践的ガイド』（角谷詩織訳、二〇一九年、春秋社）
マクシーン・アストン『アスペルガーの男性が女性について知っておきたいこと』（テーラー幸恵訳、二〇一三年、東京書籍）
宮尾益知、滝口のぞみ『夫がアスペルガーと思ったとき妻が読む本』（二〇一六年、河出書房新社）
岩波明『天才と発達障害』（二〇一九年、文藝春秋）

岩波明『発達障害』（二〇一七年、文藝春秋）
スーザン・フォワード『毒になる親　一生苦しむ子供』（玉置悟訳、二〇〇一年、講談社）
水島広子『「毒親」の正体　精神科医の診察室から』（二〇一八年、新潮社）
太宰治「道化の華」（『晩年』所収、二〇〇五年、新潮社）
シネマトゥデイ「庵野秀明『エヴァ』幻の劇場版企画『進撃の巨人』そっくりだった」（二〇一四年、https://www.cinematoday.jp/news/N0067682　二〇二一年五月二四日取得）
『機動戦士Zガンダム　メモリアルボックス』全二巻（一九九四年、サンライズ）
富野由悠季『「ガンダム」の家族論』（二〇一一年、ワニブックス）
富野由悠季『ガンダムの現場から―富野由悠季発言集』（二〇〇〇年、キネマ旬報社）
『ユリイカ』二〇〇〇年一月号／特集「大島渚」（青土社）
「EVA、再擧」（『月刊ニュータイプ』一九九六年六月号所収、角川書店）
「新たなる挑戦」（『月刊ニュータイプ』一九九五年四月号所収、角川書店）
切通理作編著『ぼくの命を救ってくれなかったエヴァへ』（一九九七年、三一書房）
切通理作『ある朝、セカイは死んでいた』（二〇〇一年、文藝春秋）
五十嵐太郎編『エヴァンゲリオン快楽原則』（一九九七年、第三書館）
森川嘉一郎編『エヴァンゲリオン・スタイル』（一九九七年、第三書館）
永瀬唯編『ターミナル・エヴァ　新世紀アニメの世紀末』（一九九七年、水声社）
永瀬唯編『ザ・デイ・アフター・エヴァ　対論〈新世紀アニメ〉ふたたび』（一九九八年、水声社）
「クリエーター対談『庵野秀明×貞本義行』」（『月刊ニュータイプ』一九九五年一月号所収、角川書店）

竹熊健太郎編『庵野秀明　パラノ・エヴァンゲリオン』（一九九七年、太田出版）
大泉実成編『庵野秀明　スキゾ・エヴァンゲリオン』（一九九七年、太田出版）
長山靖生『ゴジラとエヴァンゲリオン』（二〇一六年、新潮社）
鴻英良「九〇年代演劇における肉体の表象」（巽孝之監修『身体の未来』所収、一九九八年、トレヴィル）
『宮崎駿と庵野秀明』（一九九八年、徳間書店）
庵野秀明『庵野秀明のフタリシバイ』（二〇〇一年、徳間書店）
庵野秀明×岩井俊二『マジック・ランチャー』（一九九八年、デジタルハリウッド出版局）
『宗教問題』二〇一五年夏号（合同会社宗教問題）
森達也、代島治彦編『森達也の夜の映画学校』（二〇〇六年、現代書館）
村上春樹『アンダーグラウンド』（一九九九年、講談社）
竹熊健太郎『私とハルマゲドン　おたく宗教としてのオウム真理教』（一九九五年、太田出版）
「庵野秀明×宮村優子対談」（『アニメージュ』一九九六年七月号所収、徳間書店）
「EVA SPECIAL TALK with 庵野秀明＋上野俊哉」（『月刊ニュータイプ』一九九六年一一月号所収、角川書店）
前島賢『セカイ系とは何か　ポスト・エヴァのオタク史』（二〇一四年、星海社）
庵野秀明他『EVANGELION ORIGINAL』全三巻（一九九六年、富士見書房）
庵野秀明『THE END OF EVANGELION　僕という記号』（一九九七年、幻冬舎）
貞本義行『新世紀エヴァンゲリオン』全一四巻（一九九五〜二〇一四年、角川書店）

『アニメージュ』一九九八年二月号（徳間書店）
「庵野秀明に実写を撮らせた男、甘木モリオが語るプロデューサーの資質「嫌われる覚悟が必要」」（高根順次「映画業界のキーマン直撃!!」Part.07、二〇一六年、リアルサウンド、https://realsound.jp/movie/2016/09/post-2698.html　二〇二一年五月三日取得）
平野勝之・柳下毅一郎編著『「監督失格」まで』（二〇一三年、ポット出版）
『文藝別冊　庵野秀明』（二〇〇四年、河出書房新社）
安野モヨコ『安野モヨコ ANNORMAL』（二〇二〇年、小学館）
『文藝別冊　安野モヨコ』（二〇〇三年、河出書房新社）
「庵野秀明監督　新劇場版「ヱヴァ」年表見て涙！燃え尽きて死の直前まで行った思い出告白」（二〇一四年、ニュースラウンジ、http://newslounge.net/archives/149709　二〇二一年五月三日取得）
『ヱヴァンゲリヲン新劇場版：序　全記録全集』（二〇一二年、日本出版貿易）
『ヱヴァンゲリヲン新劇場版：序　パンフレット』（二〇〇七年）
『ヱヴァンゲリヲン新劇場版：破　全記録全集』（二〇一二年、グラウンドワークス）
『ヱヴァンゲリヲン新劇場版：破　パンフレット』（二〇〇九年）
『ヱヴァンゲリヲン新劇場版：Q　パンフレット』（二〇一二年）
『シン・エヴァンゲリオン劇場版　パンフレット』（二〇二一年）
飯田一史「一四歳女子の観た新劇場版ヱヴァンゲリヲン：破」（『RE：EV』所収、二〇〇九年、同人誌）
「『シン・エヴァンゲリオン劇場版』及びゴジラ新作映画に関する庵野秀明のコメント」（二〇一五年、

https://www.khara.co.jp/2015/04/01/%E3%80%8E%E3%82%B7%E3%83%B3%E3%83%BB%E3%82%A8%E3%83%B4%E3%82%A1%E3%83%B3%E3%82%B2%E3%83%AA%E3%82%AA%E3%83%B3%E5%8A%87%E5%A0%B4%E7%89%88%E3%80%8F%E5%8F%8A%E3%81%B3%E3%82%B4%E3%82%B8%E3%83%A9%E6%96%B0-3/　二〇二一年五月三日取得）

藤田直哉『シン・ゴジラ論』（二〇一六年、作品社）

『「シン・ゴジラ」をどう観るか』（二〇一六年、河出書房新社）

庵野秀明編『ジ・アート・オブ・シン・ゴジラ』（二〇一六年、グラウンドワークス）

麻生太郎『とてつもない日本』（二〇〇七年、新潮社）

森川嘉一郎『趣都の誕生　萌える都市アキハバラ』（二〇〇三年、幻冬舎）

東浩紀『動物化するポストモダン　オタクから見た日本社会』（二〇〇一年、講談社）

石田一良『日本の思想』（一九七九年、通信事業教育振興会）

「羽黒派古修験道」（出羽三山神社ホームページ、http://www.dewasanzan.jp/publics/index/75/　二〇二一年五月三日取得）

宮崎駿『風の帰る場所　ナウシカから千尋までの軌跡』（二〇〇二年、ロッキング・オン）

たかはまこ『笑うママの生活』（二〇一〇年、竹書房）

はてな匿名ダイアリー「シン・エヴァで氷河期世代は救われない」（二〇二一年、https://anond.hatelabo.jp/20210309164507　二〇二一年五月三日取得）

小山晃弘「『キモチワルイ』　シン・エヴァンゲリオン感想・考察」（二〇二一年、https://note.com/wakari_te/n/n0ba0c462e025　二〇二一年五月三日取得）

あとがき

本書を書きながら、「そうか、そういうことか」とカヲルの声で心の中で何度も叫び、「やっと分かったの」というアスカからの罵倒の声が何度も聞こえてきた。

一四歳のときに観た、当時三五歳の作り手の作品を、三八歳になってから観返すというのはこういうことかと、つくづく胸に染みた。作り手側の年齢に近くなると、新たに見えてくることはたくさんあるものだ。あからさまに提示されていることさえ、一四歳の自分には何も分かっていなかった。

六〇歳前後になる作り手たちの作品を、三八歳の人間が理解できる範囲など、たかが知れているだろう。だから、本書はあくまで中間報告のようなものだ。二二年後、六〇歳になったときには、また別の側面を理解できるようになっているだろう。その時にまた改めて、本作に向かい合うことにしたい。

一四歳の頃の自分は、分からないなりに色々な本を読んで、少しずつ色々と分かっていった。若い読者にとっては本書もそのように機能してくれることを願う。

色々と、今回改めて気になった点も生じた。

アニメーションと、アニミズムなどを結び付けることで、日本文化における伝統と前衛の連続性を仮構していないか？　そのナショナリズムへの影響の是非はどうなのか？　この辺りの問題系は、今後の課題である。

日本的なもの、自然信仰や山岳信仰、仏教などの「現世肯定」的な姿勢を強調しすぎることは、本当に酷い不正に抗議したり圧政を受け容れる心性を涵養《かんよう》してしまわないか？　などなど、本書の主張には自分自身で様々な懸念や疑問も浮かぶ。

ただ、物語や劇映画作品というのは、ある主張そのものを単独で肯定していることは稀で、思想や価値観の対立や葛藤のダイナミズムこそが、本筋であると考えるべきであり、本書もまたある結論を手放しに賞賛するのではなく、『エヴァ』という作品が内在しているダイナミズムをこそ肯定していると理解してほしい。

また、「庵野秀明と太宰治」のところでも記したが、『エヴァ』は「庵野秀明は～」と語ってしまいやすい作品であり、本書でも「庵野は○○だ」などの断言を繰り返しているが、純然たる研究としては厳密にはそう言い切れない箇所も、評論的な語り口の勢いを優先してしまっている部分もある。お許しいただきたい。

本書はIGN JAPANに寄稿した「シン・エヴァンゲリオン劇場版レビュー　かつて監督自身が引き起こした巨大な『インパクト』にケリをつけた作品」を読んでくださった河出書房新社の伊藤靖氏に声をかけていただいて始まった。幸いにもIGNJの記事が好評だったので、そこで書いた内容をベースに一冊分にまで拡大して論じたのが本作である。書籍化を快諾してくださったIGNJの今井晋氏に、心より感謝する。

伊藤氏とは、二〇一一年に『文藝別冊　小松左京　日本・未来・文学、そしてSF』のお仕事をさせていただいた。本書にも、どことなく、小松左京的な主題や、構えがあるし、震災の問いもそこから継続しているものである。

『シン・エヴァンゲリオン劇場版:||』で、小松左京原作・脚本・総監督の『さよならジュピター』の主題歌「VOYAGER～日付のない墓標」が使われていたが、思えば『さよならジュピター』には「TOKYO Ⅲ」という宇宙船が登場しており、これは「第3新東京市」の元ネタであった。元ネタ・引用の追及は本書では深入りしなかったが、これだけは記しておきたい。

伊藤氏とは、内容について、長い時間話し合った。そのときに頂いた示唆が、本書にはかなり生きている。とはいえ、不用意だったり、不正確だったりする発言の責は、ひとえに筆者にある。

本編では大きく触れられなかったが、新劇場版について、氷川竜介氏の、アニメについての資料や証言を残していく使命感に満ちた数多くのインタビューに大きく励ましを受けた。

評論というのは、結局のところ、遥か先を行く作り手や先人たちが通り過ぎたあとの、砂埃《すなぼこり》や轍《わだち》の中で、茫然とそれを分析しているだけなのかもしれない。それでも何かを受け取り、ほんの少しでも発展させて、次世代に手渡す役割を担えていたら嬉しい。

様々な「縁」で出会った人々との経験が、本書には織り込まれている。逐一は記さないが、全ての方々に深く感謝を申し上げたい。

二〇二一年五月三日　藤田直哉

河出新書 034

シン・エヴァンゲリオン論《ろん》

二〇二一年六月二〇日 初版印刷
二〇二一年六月三〇日 初版発行

著者 藤《ふじ》田《た》直《なお》哉《や》
発行者 小野寺優
発行所 株式会社河出書房新社
〒一五一－〇〇五一 東京都渋谷区千駄ヶ谷二－三二－二
電話 〇三－三四〇四－一二〇一［営業］／〇三－三四〇四－八六一一［編集］
https://www.kawade.co.jp/
マーク tupera tupera
装幀 木庭貴信（オクターヴ）
印刷・製本 中央精版印刷株式会社

Printed in Japan ISBN978-4-309-63135-6
落丁本・乱丁本はお取り替えいたします。
本書のコピー、スキャン、デジタル化等の無断複製は著作権法上での例外を除き禁じられています。本書を代行業者等の第三者に依頼してスキャンやデジタル化することは、いかなる場合も著作権法違反となります。

そして、
みんなバカになった

橋本 治
Hashimoto Osamu

21世紀、バカの最終局面に入った日本へ。
橋本治が2000年代に残した
貴重なインタビューから、
本当の教養とは何かを学ぶ！
高橋源一郎さんによる、
書き下ろしエッセイを収録！

ISBN978-4-309-63119-6

河出新書
018

歴史という教養

片山杜秀
Katayama Morihide

正解が見えない時代、
この国を滅ぼさないための
ほんとうの教養とは——?
ビジネスパーソンも、大学生も必読！
博覧強記の思想史家が説く、
これからの「温故知新」のすすめ。

ISBN978-4-309-63103-5

河出新書
003

一億三千万人のための『論語』教室

高橋源一郎
Takahashi Genichiro

『論語』はこんなに新しくて面白い！
タカハシさんによる省略なしの
完全訳が誕生。
社会の疑問から、人間関係の悩み、
「学ぶこと」の意味から「善と悪」まで。
あらゆる「問い」に孔子センセイが答えます！

ISBN978-4-309-63112-7

河出新書
012